恐い怪談

事故物件住みます芸人
松原タニシ

二見書房

恐い怪談　目次

盆踊り

事故物件に住みはじめて十年目の夏、姪っ子の盆踊りに参加した。

小学校のグラウンドでの盆踊りを、僕は校舎の外階段から眺めていた。

すぐ下ではくじ引きか何かで当てたのであろう、剣のようなスティックバルーンでチャンバラごっこをする小学生男子たち。その間を女の子が一直線にこちらへ向かってくる。男子たちはチャンバラをやめようとしないが、なぜか女の子にはスティックバルーンは当たらない。彼女はそのまま男子たちを通り抜け、階段を上って僕の目の前までやってきてこう言った。

「お兄さん、気持ち悪いけどね。顔が変だよ」

少女はキャハハハと笑って去っていった。

着信なし

事故物件に住みはじめて間もないころ、携帯電話をズボンのポケットに入れて自転車に乗っていると、マナーモードのバイブが鳴った。

自転車をこぎながらポケットをまさぐり、携帯電話を取り出そうとしたら電話が下に落ちてしまった。

すぐさま自転車を停めて携帯電話を拾うと、目の前をトラックが過ぎていった。

携帯電話を見ると誰からも着信はなかった。

花

三軒目の事故物件に引っ越してすぐ、不動産屋から花が届いた。鉢植えに上から袋をかぶせている大きな花だった。袋を取ると、全部枯れていた。

監禁疑惑

十四軒目に借りた事故物件は一軒家で、玄関が血まみれだった。

事件は兄弟間で起きた。弟が兄を玄関で撲殺し、自らは切腹してリビングで息絶えた。

僕は痕跡の残ったリフォーム前のこの家を、期間限定で借りた。

一階は玄関のほかに階段、廊下、トイレ、浴室、キッチン、リビングと、いたる所に血痕が飛び散っていた。弟が包丁で自分の腹を刺したあと、なかなか死にきれずに這いずり回った形跡だと思われる。

二階には血痕は見つからなかった。その代わり、障子がすべて破られていた。しかしそれ以上に不可解なのは、二階のトイレの中にもうひとつ小部屋があることだ。腰をかがめないと入れない狭い入口の奥には畳一畳ほどの、何のために作られたのかわからない空間がある。

六月の最終日、蒸し暑い夏の夜、僕はそこに小型の撮影用ライトを持って入り、内側から扉を閉めた。

〝カチ〟

マグネットが引っつく音が聞こえたと同時に、すぐに後悔した。扉の内側には取っ手がついていなかったのである。僕は小部屋に閉じ込められてしまった。

それでも最初はまだ余裕があった。どうにかして外に出る方法はあるはずだ。いくらなんでもずっと出られないわけではないだろう。しかし、扉のすき間というのは非常に狭く、人間の指や爪でどうこうできるものではなかった。焦れば焦るほど汗が止まらない。このまま熱中症になって意識を失った場合、僕は誰にも見つけられることなく新たな告知事項となりかねない。

ライトで照らされた狭い室内には、無数の手形と壁を引っかいた痕が浮かんでいる。これは大工さんの皮脂だ。いや、大工さんがこんなにも壁に手形をつけるだろうか。これは、この部屋に閉じ込められた人間が、僕より過去に存在したのではないか。どんどん頭が回らなくなっていく僕の思考は、この空間がなぜ作られたのかを強引にひもづけようとしはじめる。

そんななか、撮影用ライトのフィルターが取り外せることに気づく。これで何とかなるかもしれない。フィルターを扉のすき間のマグネットの位置に差し込む。力をゆっくりと加えていく。扉はスーッと静かに開いた。

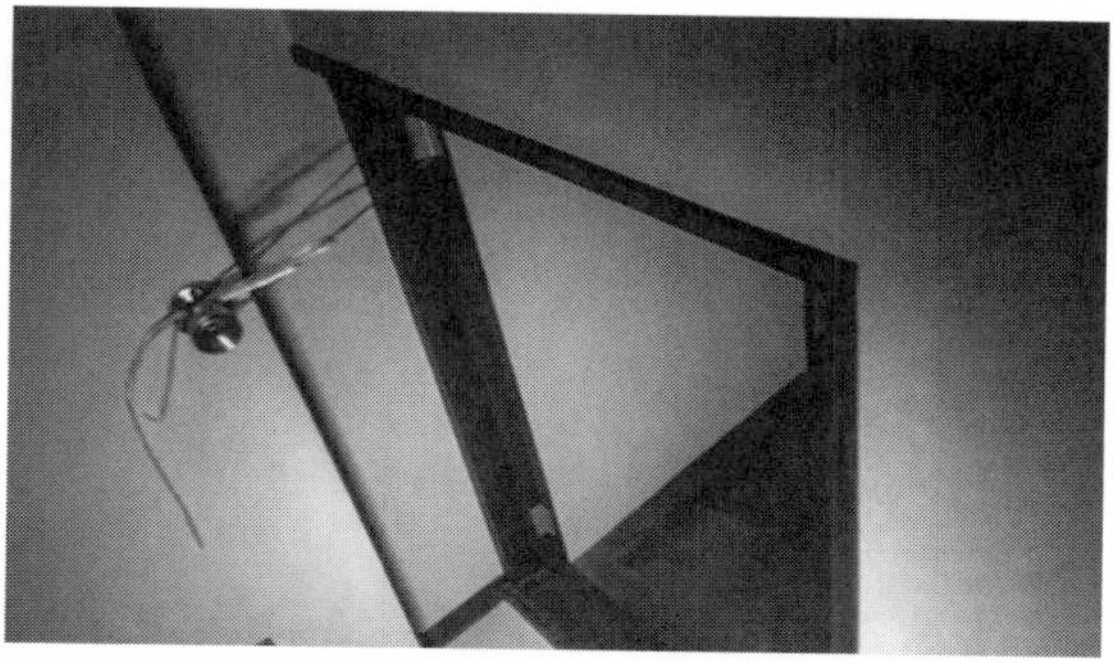

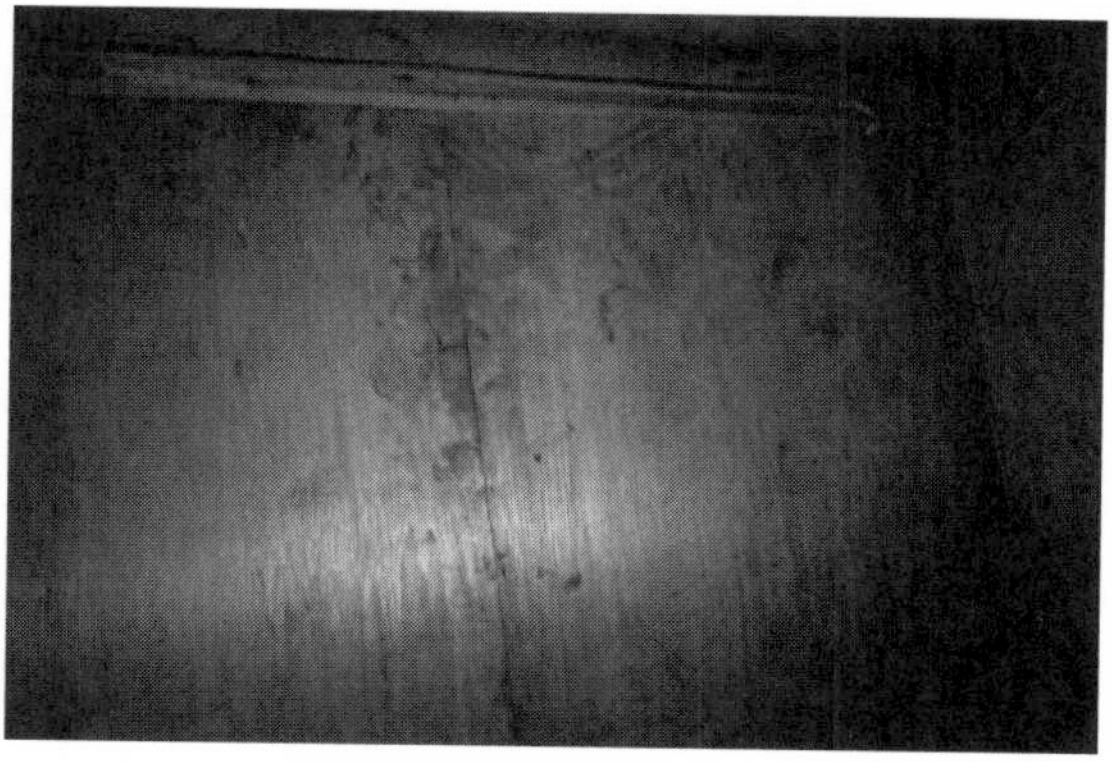

トイレの小部屋（上）と手形（下）

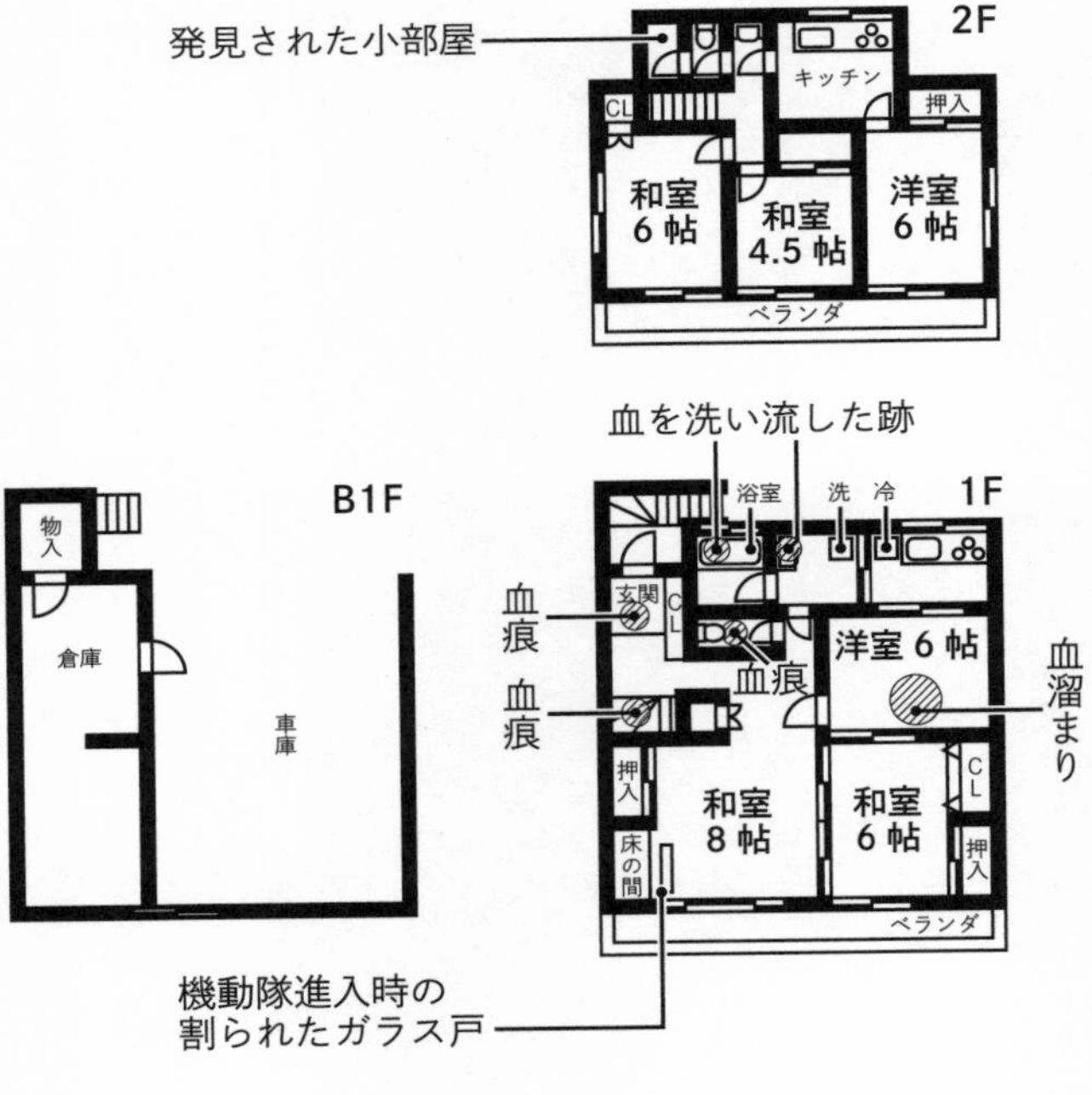
2F
発見された小部屋
キッチン
CL
押入
和室
6帖
和室
4.5帖
洋室
6帖
ベランダ
B1F
物入
倉庫
車庫
1F
血を洗い流した跡
浴室
洗
冷
玄関
CL
血痕
血痕
血痕
洋室 6帖
血溜まり
押入
和室
8帖
和室
6帖
CL
押入
床の間
ベランダ
機動隊進入時の
割られたガラス戸

自然発火

十六軒目に借りた事故物件はゴミ屋敷だった。

二階建ての元飲食店を一軒まるごと住居にした物件で、亡くなってから二年間発見されなかった男性の遺体は白骨化し、警察に回収されたあと人ひとり分ほどの土だけが残った。その土は、二年の歳月をかけてネズミや虫に食べられ、さらにその糞をバクテリアが分解してできた、男性の骨以外の遺体だ。

僕はその土を回収し、土壌分析センターに送った。分析結果を見ると可給態リン酸だけが極端に突出していた。専門家に聞くと、肥料として非常に栄養価が高いとのことだった。

僕は培養土にその土を混ぜ、カイワレを育てて食べた。口の中がピリピリするほど刺激的で辛かった。この経験で、栄養は食物連鎖のなかで形を変えていろんな生き物の元へ行き渡るんだということを実感した。

ちょうどそのころ、竹書房の編集者Sさんからクマのキャラクターがメラメラと燃えているLINEスタンプを三十三個立て続けに送りつけられた。Sさんによると、突然スマホの画面が動きだし、触ってもいないのに勝手にスタンプが送信され続けたそうだ。

すでに退去していたので後に知ることになるのだが、土からカイワレが生え、燃えたクマのスタンプが送られたその少し前に、十六軒目の物件は原因不明の出火により焼け落ちてしまっていた。

火災前

火災後

事故物件に残された土

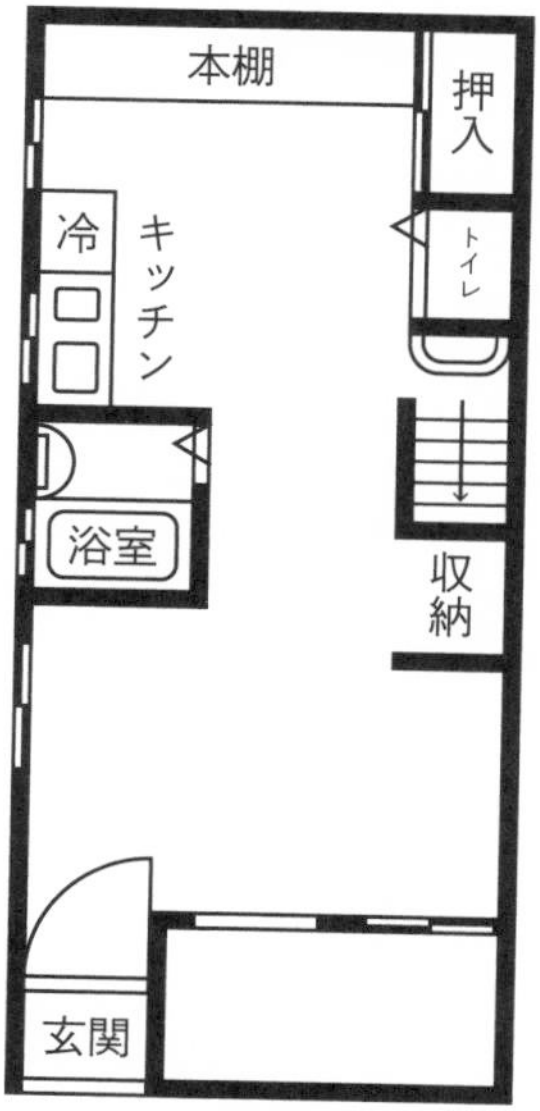

1F

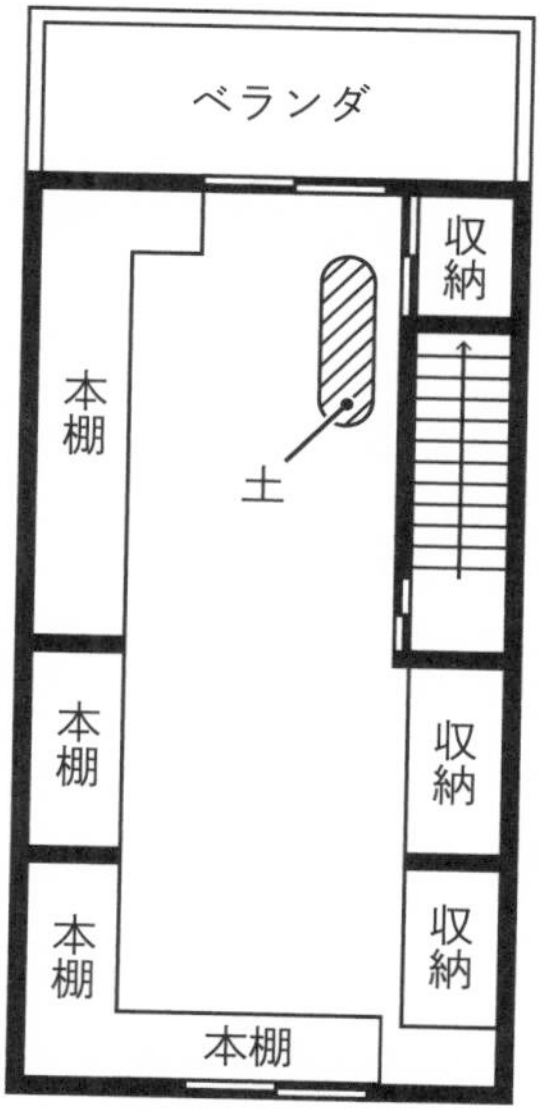

2F

帰れない人

香川県に借りている十七軒目の事故物件は、風呂場から黒い影が出てくる部屋だ。

リフォーム業者のYさんは管理会社から依頼されたマンション一階の部屋の作業中、キッチンの蛍光灯が突然割れた。近くに電気屋もなかったので、作業する間だけ別の空き部屋の蛍光灯と取り替えようと考えたYさんは、管理会社からまとめて借りている空き部屋の鍵で、二階の誰も住んでいない一室のドアを開けた。

作業中の部屋と同じ間取りのその部屋には、玄関正面のキッチンに二本の一升瓶が置かれていた。薄暗闇のなか、Yさんは何か異様な空気を察知する。

誰かいる……？

キッチン横の浴室の扉が開き、黒い人影がのっそりと姿を現した。その影は、玄関に向かってゆっくりと近づいてきた。

Yさんはとっさにドアを閉め、階段を下りて駐車場に停めてある会社の車に駆け込んだ。

「すみません、今日は作業、無理です！」

取り乱しながらYさんは、管理会社に電話でいま起きた出来事をありのままに説明した。

「その黒い影が出た部屋って二〇三号室ですか？」

Yさんからの電話を受けた担当者は冷静に教えてくれた。

「そこね、事故物件なんですよ」

Yさんが開けたのは三ヶ月前に孤独死があった部屋だった。管理会社は祈禱師を呼んでお祓《はら》いをしたが、その時に祈禱師は突然怒りだしたという。

「いますぐご家族を呼びなさい。じゃないと私にはどうすることもできない」

管理会社は県外に住む遺族に急きょ連絡を取り、お祓いに立ち会ってもらうようお願いした。連絡を受けた遺族は了承し、その日のうちにこちらへ向かうと言ったのだが、その道中で事故に遭い、結局来ることができなかった。

祈禱師は緊急措置として、風呂場に大量の塩をまいた。管理会社は、なぜ風呂場なのかは理解できなかったが、Yさんの報告で合点がいったという。

Yさんが僕にその話を聞かせてくれたときは、当時から五年の月日が経っていた。

そのマンションの詳しい場所を聞くと、Yさんはスマホで検索してくれた。

「ここなんですけど……いま見たら二〇三号室、募集してますね」

借りるしかないと思った。これまで数々の事故物件に住んできたが、確実に幽霊の目撃例がある部屋は初めてだ。僕はすぐさま不動産屋に連絡し、契約した。

大阪か東京にいることが多いため、なかなか香川県に行く機会がなかったが、それでも何度かこの部屋で寝泊まりした。

しかし、黒い影は僕の目の前に現れてくれなかった。

しばらく家を空け、数ヶ月ぶりに訪れると、インターホンのモニターに訪問者の履歴が二件残っていた。

確認すると、一件目の画像には誰も映っていなかった。本来ならインターホンが押された瞬間に訪問者が記録されるので、インターホンの位置からすると訪問者は画面右側に映り込む。

そして二件目の画像には訪問者らしき人の体の一部が画面左端に映り込んでいた。

その訪問者は真っ黒だった。

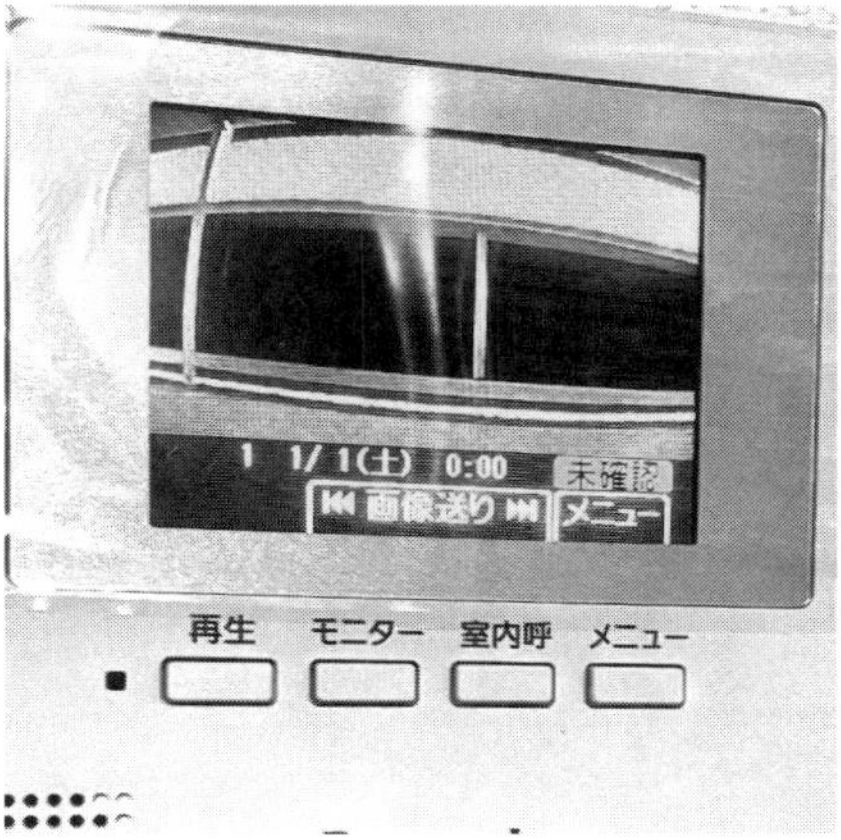

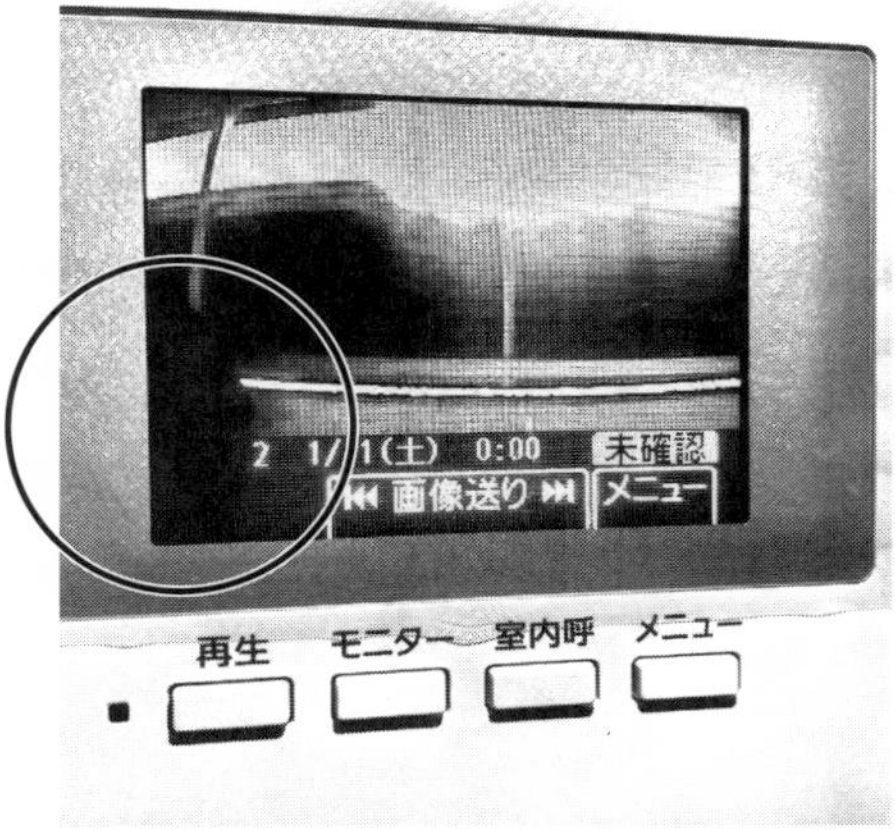

履歴１件目（上）黒い影が映る２件目（下）

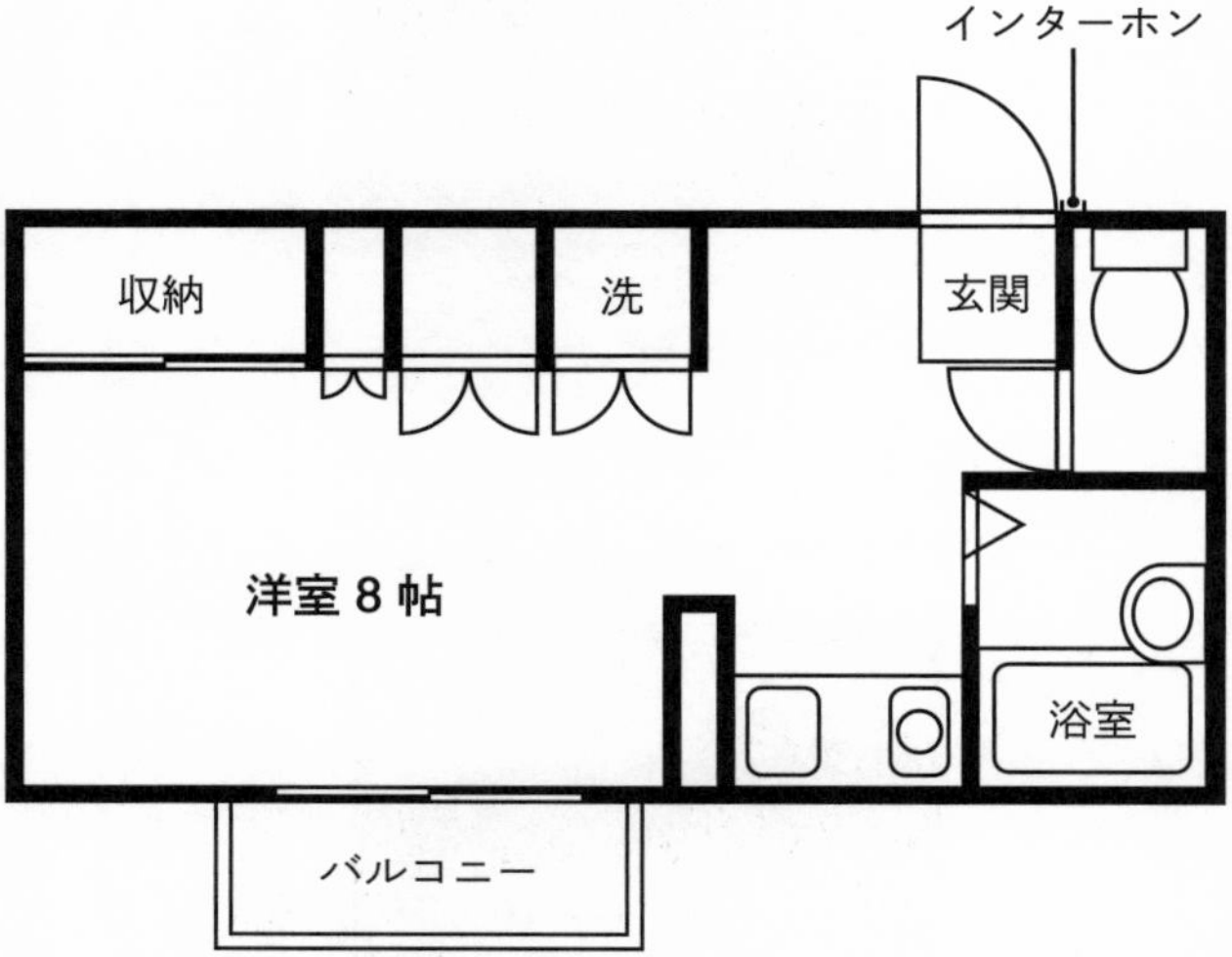
インターホン
収納
洗
玄関
洋室 8 帖
浴室
バルコニー

恐い怪談

恐いって何だろう。
怪談って何だろう。

山奥の女子高生

廃墟マニアのマサさんが案内してくれたのは大阪北部の某市の山奥だった。

夜十時、練炭自殺が頻繁に起こるという駐車場に車を停め、舗装されていない山道を登る。

バイカーたちがオフロードレースの練習などに使う山道は地面がガタガタでとても険しい。目的地までは徒歩で五〇分ほどかかるという。

途中三〇分ほど歩いたところでマサさんが急に立ち止まる。

「なんか上から話し声が聞こえますね」

そうは言うものの時間は真夜中、こんな山奥に人間がいるはずもない。僕には聞こえなかった。

どれくらい登ったのだろう。ゴールの見えぬナイトハイクに後悔の念を覚えはじめたころ、懐中電灯の照らす先に突然人影が見えた。

女子高生だ。

こんな時間の山奥に女子高生。

もちろんその時点で異常なことに変わりはないが、さらにどうしてもぬぐいきれない違和感がある。

首がない。

そんなわけない。近づいて確かめる。

そうか、そういうことか。

それはスカートとブラウスが着せられた切り株だった。なんだこれ。

マサさんが僕に見せたかったのはこれのようだ。

「あれ、おかしいな。先週来た時にはスカートだけだったはずなんだけど」

この山道はマサさんとバイク仲間のツーリングコースだった。

ある日突然、道に女子高生の制服が現れはじめた。

それは一着ではなかった。数キロ離れた山道にも別の制服がかけられていたり、さらには山を越えた向こう側でも見かけるようになった。

この日の一週間前にもマサさんは制服を確認している。しかしその時にはブラウスはかけられていなかったそうだ。

ブラウスには苔がむしていた。さらに内側にはブラジャーも巻かれていた。

いったい誰が何のためにこんなことをしているのか。

「もう少し奥に行くともう一ヶ所あるのでそっちも行ってみましょうか」

マサさんがそう言うのでついていく。誰も徒歩では上がらないであろう道なき道を進むこと二〇分。

今度は冬服を着た長身の女子高生が現れた。

紺のブレザーとスカートが一本の木に着せられている。

「あれ？　こっちは上下別々にかけられてあったはずなのになあ」

またしてもマサさんが以前見た光景とは異なるようだ。

隣の木にはキャミソールが引っかけられてある。さらに足元の低い切り株にはボロボロに破れた下着がかぶせられてある。

「これも位置が変わってますね」

どういうことなのか。誰かが定期的に制服や衣類の配置を変えている？

何ひとつ合点がいかぬまま僕たちは来た道をぞろぞろと下りていった。帰り道、懐中電灯の光の先に白い何かが見えた。近づいて見てみると、白い何かは体操服だった。またしても切り株にかぶせてあった。登っているときには何もなかったはずの場所に。

往路にはなかった体操服（上）山中の制服（下）

給水塔の女

ユーチューブで「松原タニシのぞわぞわチャンネル」という番組をやっている。その日は過去に行った心霊スポットについて解説するという配信だった。

二〇一七年はとにかくいろんな心霊スポットを回った。そのなかから仙台で行われた怪談イベントの帰りに寄った三ヶ所の心霊スポットについて話した。

まず初めに行った八木山橋《やぎやまばし》は、標高差七〇メートルの高さがあり、飛び降り自殺が多いことで有名な橋である。二メートル以上ある飛び降り防止フェンスは上部が鼠返しのように内側を向いていて、乗り越えられないようにされている。

橋の真ん中付近で手すりに不自然な手形を見つけたが、特に霊感のない僕には何も感じない。ただ、次の目的地までの道中、切っているはずのカーステレオから雅楽のような音が流れたのは変だった。

次に行った葛岡《くずおか》墓園は、中心部の頂上付近に建っている給水塔を反時計回りに三周すると、車のエンジンが止まったり、何かがついてきたりするなどの心霊現象が起こると噂されている。また、この墓地はアルファベットのA地区からY地区までエリアごとに区切られているのだが、夜中に行くとあるはずのないZ地区が現れるという話もある。

僕はこの給水塔を反時計回りに十三周した。しかし誰かが追いかけてくる気配はない。

最後に太白山《たいはくさん》トンネルに行く。ここはかつて石材を運ぶ列車が通っていた廃トンネルである。徒歩で通り抜ける人が列車の下敷きになって死亡する事故が起きたという情報があるが、真相はわからない。

高さもなく、幅も狭い。長さは百メートルほどで、反対側に抜けるまでそんなに長く感じない。「こんなもんか」と特に立ち止まることもなく入口まで戻ろうとすると、入口付近にある退避場所のようなスペースに、長い髪の毛の束を見つける。見落としていただけかもしれないが、入ったときにはそんなものはなかったような気がするが……これは葛岡墓園から何か連れてきてしまったかな？　と結論づけた。

「あの、思い出したんですけど」

突然番組プロデューサーのS本氏が口を挟む。彼は仙台市出身なのだ。

太白山トンネルの入口にあった髪の毛

「実は僕も高校生のころに葛岡墓園に行ったんですよ、友達と。夕暮れ時だったと思うんですけど、給水塔に着いたときにはもう日もほとんど沈んでて……そしたらなんか、給水塔に向かって手をふっている女の人がいたんですよ。あれ何してんだろうと友達と言ってたら、急にこっちをふり返ってニコッとしたんです。僕ら急いで逃げたんですけど、いま思い出しました」

記録係

映画やドラマの撮影現場には「記録係」と呼ばれる仕事がある。監督や俳優のアドリブや、エキストラの立ち位置、撮影現場での変更などを記録する係である。

ある映画で記録係をしていたEさんは、廃校になった小学校の撮影現場に行くのが憂鬱だった。とにかく気持ち悪いのだ。

ほかのスタッフは廃校から四十分ほど離れたホテルに泊まっているが、そこにも泊まりたくないので自宅から二時間かけて車で現場に通っていた。

あるシーンの撮影で、監督が怒りだした。

「まだエキストラいるよ！　記録、どうなってんの！」

それは廃校をバックに校庭でやりとりするシーンだった。監督や助監督が確認するモニターに、校舎の二階にいる人が映り込んでしまったのだ。Eさんは急いでエキストラに確認を取った。しかしエキストラは全員外に出ており、二階には誰もいなかった。

昼休憩は校舎の一階でスタッフはご飯を食べるのだが、そのときも二階から笑い声や足音が聞こえていた。

その後も撮影中に人影が入り込んだりうめき声が聞こえたりが何回もあって、そのたびに撮り直しになった。

そんなこともあり、Eさんは同棲している彼氏に撮影現場の話をした。すると彼氏は「有給休暇中だから現場まで一緒についていくよ」と言ってくれた。

彼氏がついてきてくれるのは心強かった。廃校近くの目立たない茂みに車を停め、その日の撮影が終わるまで車中で待機してもらった。

撮影中、現場近くからブーブーブーと盗難防止ブザーが鳴り、撮影が一時中断された。Eさんは「彼氏のいる車かもしれない」と思ったが、現場に彼氏を連れてきているることがバレたくなかったので黙っていた。ブザーはしばらくすると止まり、現場の異常に慣れていたスタッフたちは何事もなく撮影を再開した。

その日の撮影を終えたEさんが車に戻ると、車の中で顔面蒼白の彼氏が震えていた。

「早く車を出して！」

コンビニまで行き、そこで彼が待機中に体験した出来事を聞いた。

まず、Eさんが車を停めて撮影現場へ向かったあと、彼は後部座席を倒して眠りについた。しばらく寝ていたが、突然なぜか「殺される！」と思って飛び起きた。しかし何もいなかったので気のせいかと思い、スマホゲームをしようとすると、スマホを持ったまま金縛りに遭った。「なんだこれ」と思いながらも身動きが取れずにいると、後部座席のガラスに黒い女が張りついてこちらを見ていることに気がついた。

「これは目を合わせてはいけない」

目をつむることもできない彼は、なんとか女を視界に入れないように意識をそらしていたが、次第に、張りついてこちらを見ている女が三人に増えていくのがわかった。

「見えないふりをしなきゃ！」

三人の女は彼に気づいてもらおうと、車を左右に揺らしはじめた。さらにはガチャガチャガチャとドアを開けようとしてきた。それと同時に盗難防止のブザーが鳴った。

Eさんが撮影現場で聞いたブザー音はこのときの音だった。

ブザーが鳴ると、女たちはいつの間にかいなくなっていた。そして金縛りが解けた彼氏はブザーを止め、ブルブル震えながらEさんが戻ってくるのを待っていたのだ。

彼の話を聞いて、女が車に乗ってくるのを恐れたEさんは、運転席と助手席以外の座席を倒して席をなくしてから出発した。しかし帰り道、運転しながら常に後ろに気配を感じていた。それもひとりではなく、何人も乗っているように感じられた。

途中、運転席の右側の窓ガラスから「わっ！」と驚かすような声が聞こえた。危うく事故になりかけた。

その日はなんとか家路に着いたが、帰宅してからの彼氏はどんどん様子がおかしくなった。家で寝ていても、急に「うわぁ！」と言って飛び起きる。彼が言うには、目を閉じても部屋に誰かが立っているのを感じ、次第にその何者かが自分の上に乗ってきて、グッと足を押さえるそうだ。そのたびに目を覚ますのだが、部屋には横で寝ているEさんしかいない。それが何回もくり返されるという。

ある日の食事中には突然、自分のネックレスを引っ張って自分で首を絞めだした。Eさんは必死で止めたが、彼の目はもはや焦点が合っていなかった。

そんな状態の彼氏を再び現場に連れていけるはずもなく、Eさんはひとりで通い続けた。毎朝、現場まであと三十分くらいの場所を過ぎると途端に気持ちが悪くなって吐き気を催すのだが、運転席の横にゴミ箱を置いて吐きながらも、日に日に体調が悪化しながらも記録係の仕事をまっとうした。

二ヶ月間のドラマ撮影がようやく終わると、Eさんも彼氏も嘘のように体調が回復し、元の生活に戻った。

大きなコブ

元後輩芸人の石岡くんは十九歳のときに岡山県の牛窓《うしまど》神社を訪れた。

その一年前、友達の彼女が神社に上がる石段の途中で何者かに足をつかまれ、急いで駆け下りたあと、つかまれた足首に赤い手の痕が残っていたという出来事があった。

その話を聞き、真相を確かめるべく石岡くんは友達三人と深夜、神社へ向かったのだった。

牛窓神社は牛窓海水浴場すぐ横の鳥居をくぐり、うっそうとした木々に挟まれた長い石段を上った林のなかに社殿がある。その入口である鳥居近くの駐車場に車を停めた。

車を降りると、駐車場を仕切るL字型に積まれたブロック塀にゆらゆらと揺れる人影のような黒いモヤをさっそく目撃する。背の小さな、小学生くらいの女の子のシルエットがゆらゆらと揺れ続けている。

「これはアカンわ」

石岡くんは友達に説明した。

「あれ何？」

一緒にいた女の子が同じ場所を指差した。見えているのは自分だけではなかった。

結局現場まで来たものの、神社には行かずに石岡くんたちは引き返した。

帰り道、国道二号岡山バイパスを走行中、運転する石岡くんは右のサイドミラーに何かが貼りついていることに気づく。

なんだこれ？

いや、貼りついているのではない。サイドミラーいっぱいにおかっぱ頭の女の子の顔がどアップで映っている。

「見るな！」

車内で石岡くんが叫ぶ。同乗する友達は何がなんだかわからない。しかし石岡くんは彼らにこの異常事態を見せてはいけないと思ってとっさに叫んだ。

「いま絶対ミラー見るなよ……」

異様な雰囲気のまま運転が続く。サイドミラーにはおかっぱ少女が見え続けている。いったいどういう状態でついてきているのか、いや考えてはいけない。

とにかく友達を家にまで送り帰さなければ。石岡くんはサイドミラーを見ないように無我夢中で運転した。

十分くらい経っただろうか。恐る恐るサイドミラーに目をやると、少女の姿は消えていた。

友達三人を無事に家まで送り届け、あとは自分が帰宅するだけだと安堵しながら運転していると、雨が降ってきた。S字の道路に差しかかったときには見通しが悪く、一瞬の出来事だった。目の前を四トントラックが正面から突っ込んできたのだ。

フロントガラスを頭でぶち破り、膝の皿が丸出しになった。

石岡くんは救急車で搬送され、緊急手術で命は助かったが、全治一年の大ケガを負った。

退院後、頭部にはコブが残った。いつまで経ってもコブは消えなかった。

事故から二十年経ち、頭のコブは引くどころかゆっくりと時間をかけてさらに大きくなっていた。痛みはないが、気になったので病院で検査をすると「原因不明の腫瘍がある」と、医者は首をひねった。

検査の結果、良性ではあったのだが、しばらく経過観察したあと結局、除去手術をすることになった。

除去したコブは、医者も見たことのない塊だった。病理検査では「悪性の可能性もある」と判断され、がんセンターで再検査することになった。

がんセンターでは「軟部腫瘍が変形した」という結果で悪性ではなかったが、この腫瘍がなぜ変形したのかは原因不明のままである。

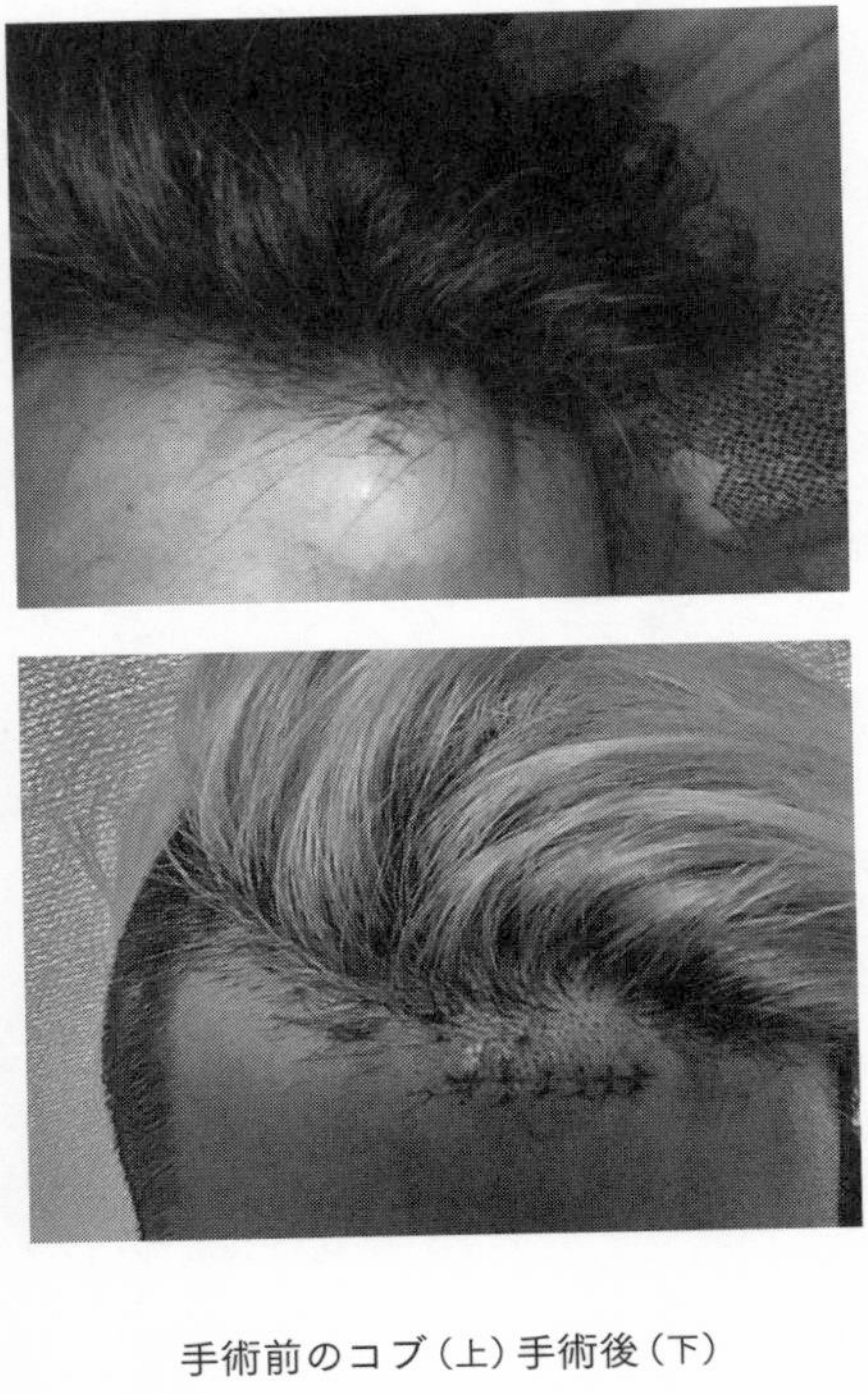

手術前のコブ（上）手術後（下）

カッパのサラリーマン

大阪の地下鉄昭和町駅近くの喫茶店「ガロート珈琲」のマスターがお客さんから聞いた、あるお寺での話。そのお寺は半分が居住区域で、住職家族が住んでいる。その敷地内にある古い井戸を埋めてしまおうということになり、とある業者に頼んだ。

約束の日に業者が行くと、お寺の玄関を入ってすぐ横に、汚い背広を着て汚い靴をはいたサラリーマン風男性が嘆いているような雰囲気でうずくまっていた。気にはなったが住職の案内で井戸へ行き、施工の話をいろいろして最後に業者が住職に聞いた。

「先ほど玄関にいた男性、あの方、えらい落ち込んでましたけど大丈夫ですか？」

住職は答える。

「あんたにも見えましたか。あれはこの井戸に住んでいるカッパなんですよ。この井戸埋めるいうことで、えらい嘆き悲しんでましてね。すぐそばに小さい池もあるからそこ行けって言うても、ここがええと言うんですよ」

四つんばい

岡林さんはある会社の無線中継所や無線基地局のメンテナンスの仕事をしている。

ある日、同僚たちから妙な噂を聞いている無線基地局のメンテナンスを任されることになった。

その基地局は周りに屈強な柵があり、有刺鉄線がぐるぐる巻きにされている。そもそも有刺鉄線が巻かれたのは柵にイタズラをされるようになったからであるが、設置した数日後、有刺鉄線の〝針〟だけがすべて切り取られるという出来事があった。

「あそこはいろいろあるからな」

以前その場所を任されていた年配の先輩が、自身の体験を岡林さんに話した。

それは先輩が徹夜で修理をしているときだった。ようやく作業も終わり、基地局にはトイレがないので、用を足そうと外に出た。少し離れた場所まで行こうと山の中を歩いていると、上から何かがぶら下がっているのが見えた。何だろうと思ったら、女性の首吊り死体だった。

基地局の敷地内には部外者が入ることはできない。自殺した女性はどうやって中に入ったのか。

そんなこともあってか、柵の入口には防犯カメラが三ヶ所つけられた。当時はビデオテープに録画するタイプだった。

「岡林くん、そこ行ったら監視カメラ見てみぃや。変なもん映ってるから」

岡林さんが基地局に行った日は嵐だった。思うように作業も進まず、一日では終わらなかった。

次の日、なんとか作業を終えた岡林さんは、先輩の言葉を思い出した。

監視カメラには何が映っているのか。

基地局には録画されたビデオテープが何本も保管されている。監視カメラの映像は四分割され、ひとつは真っ黒、それ以外の三画面に左、真ん中、右のカメラの映像が映っている。

岡林さんは早送りをしながら順番にテープを見ていった。何も変化のない映像がえんえんと続く。そして、何本目かのテープにそれは映っていた。

入口左側を映すカメラの画面左から、黒いものがシュッと通る。次の瞬間、右側を映すカメラの画面左からまたシュッと黒いものが通り過ぎる。真ん中を映すカメラには何も映っていない。

巻き戻してもう一度見てみる。黒い何かは四つんばいで動いている。しかし明らかに形はイノシシではないし、狐やタヌキでもない。四つんばいの黒い何かとしか言いようがない。そして何より、左と右のカメラに映って真ん中のカメラに映らないのが不可解である。

藤娘

峰さんが二十歳のころ、つき合っていた京都大学の彼氏に会うために下宿先へ行ったら、入口で管理人に「女性は入れません」と追い返されてしまった。携帯電話もない時代、家にも帰れないのでしかたなく大学の近所を探し、学生が泊まるような安い旅館に当日飛び込んだ。

空いていた部屋は簡素な作りで、何もない部屋の隅の掛け軸がある床の間のスペースに、ガラスケースに入った藤娘の日本人形が置かれていた。

夜中、バサッ、バサッと音がする。仲居さんが廊下でゴソゴソしているのかなと思ったが、どうも部屋の中から聞こえる。

〝バサッ、バサッ、バサッ、バサッ〟

音は一定のリズムを保って、えんえんと鳴りやまない。

〝バサッ、バサッ、バサッ、バサッ〟

あまりにもしつこいので音のするほうを見てみたら、床の間のガラスケースから藤娘人形が飛び出して、藤の枝をバサッ、バサッとふり下ろしては戻し、ふり下ろしては戻し、をくり返していた。

峰さんは、悪い夢でも見ていると自分に言い聞かし、目をつむり、無理矢理眠りについた。

朝起きたら、藤娘は止まっていたが、ガラスケースから出ている状態だった。

チェックアウトのときに仲居さんに聞いてみた。

「あの、こんなことを言うのもなんなんですが、昨夜、ガラスケースを飛び出して藤娘の人形が藤の枝をふり回してたんですが……」

「ああ、やっぱり?」

坂道の女

長尾さんは学生だった十八歳のころ、京都の嵐山に住んでいた。

その日は友達と「いまから自転車で新京極まで行こう」と言って深夜に遊びに出かけた。

嵐山から京都の中心部へ向かう道中には急な細い坂道があり、長尾さんが前、友達が後ろの縦並びになって下っていく。

誰もいない深夜の坂道。

夜風を浴びながら自転車のスピードはぐんぐん上がっていく。

すると、先のほうの歩道に白い服を着た女の人が見えた。どんどん距離が縮まって、こんなところで何をしているのかなと見ていると、目が合って、すれ違い様にニヤッと笑った瞬間、バッと手を出してきた。

〝危ない！〟

長尾さんは瞬時に体を横にして何とかよけることができたが、スピードも乗っているため危うく大転倒するところだった。

坂を下り切ってから後ろを走っていた友達に声をかけた。

「いまの人、危なかったよね」

友達は不思議そうに答えた。

「誰もいなかったよ」

黒目線

ちなみさんが荻窪で働いていたころ、職場まで自転車で通っていた。

帰り道、柏木公園の脇の坂道を下ると、その途中に小さいお稲荷さんの祠《ほこら》があって、たまに自転車を止めて手を合わせていた。

ある日、仕事が長引いて職場を出たのが夜中になってしまった帰り道、自転車で坂道を下っていたら、お稲荷さんを過ぎたあたりで、白い服の女の子が立っていた。

なんだろうと思って目をやると、顔に黒い目線が入っていた。昔の心霊写真とかで写っている人の目を隠すあの黒い線だ。

たぶん人間じゃないんだろうなと思いながら、そのまま通り過ぎた。

岡《おか》っ引《ぴ》き

テツオさんは幼稚園児だったころ、公園でひとりで遊んでいるときに空を見ていたら、なぜか突然怖くなってそこからの記憶がなくなった。

次の日に当時はかかると死ぬといわれていた猩紅熱《しょうこうねつ》の症状が出て入院。全身の皮がむけた。

入院中、部屋の中に風船が何個も現れて空間を埋めつくし、圧迫されて窒息死しそうな幻覚を見る。

それから里芋の葉っぱの裏にコロポックルを見たり、ファミレスで神様を見たりした。しかしそれは十代のころにシンナーを吸っていたからだろうとテツオさんは言う。

シンナーを吸いはじめたのは地球がどう生まれたのかを探究したかったからだ。最初は悪ガキ仲間からの誘いだった。まるで海と空とが溶け合うような感覚が、漠然と小さいころに抱いていた世界の成り立ちへの疑問を解明してくれるように思えた。しかし実際は脳の神経細胞を溶かしていることで幻覚を見せられているだけだったことに気づかされた。さらに幼稚園児のころに見た風船に押しつぶされる恐怖を思い出し、十五歳でシンナーをやめた。

高校生になってからバイクを買って友達とツーリングに行った。福井県の九頭竜湖へ向かう途中にある仏御前の滝という場所だ。一九七〇年代だった当時は心霊写真がブームで、仏御前の滝でも心霊写真が撮れると地元では噂になっていた。

滝に向かう獣道、山から突然、岡っ引きのかっこうをした人間が三人くらい提灯をぶら下げて「御用だ御用だ」と言いながら目の前をぞろぞろと通り過ぎていった。岡っ引きはそのまま崖に落ちていった。友達も一緒に見ているので、きっと幻覚ではないはずだ。

後日、先輩にこの話をすると、あの辺は日本赤軍の残党が山にこもっている場所だと教えてもらった。でも間違いなく岡っ引きだった、とテツオさんは言う。

傾く人

Sさんがそれを初めて見たのは小学一年生のころだ。

遠くのほうの電柱からゆっくり体を斜めに突き出した不自然な人影が見えた。ゆっくりゆっくりお辞儀をしているようだった。

犬におしっこをさせているのかなと思ったが、どうもその人しかおらず、こちらを見ているようでもなかった。

そのころはあまり気にしていなかった。


次に見たのは田舎の山間部に引っ越したあとの小学五年生のときだ。

橋を渡った向こう側に当時住んでいた家があるのだが、橋を渡ってすぐの場所にはお寺と電柱しかない。

夕暮れ時、また電柱からゆっくりお辞儀をする人を見た。

今度こそ犬におしっこをさせていると思ったが、やはり違った。ただただゆっくりお辞儀をするだけだった。


街に出てひとり暮らしを始めた二十歳のころ。

歓楽街で深夜一時に電柱からゆっくり傾いている人を見た。吐くなら電柱に向かって吐けよと思ったが、ゆっくり傾いているだけだった。


三十代になり、いま住んでいる街に引っ越してきた。

いつも通っている道から少し外れた街灯の少ない公園の先、人の家の角からゆっくり傾く人の影。

あー、これ知ってるやつだと思った。

引っ越した先でいつも一度だけ現れる。

それは絶対に距離をつめてこない。

倒れる速度はいつも一緒。


「あ、これお辞儀だわ」

素振り

努力は万能だと信じていた子供のころ。僕は野球少年だったので毎晩のように家の近くの駐車場で金属バットをふっていた。駐車場の電灯の真下だとアスファルトに自分の影が映り、フォームを確認しながら素振りができるのだ。

ある日の晩、いつものように駐車場に行くと、どこかで声がする。どうやら駐車場の奥に停めてある車のほうからだ。気になって近づくと、誰もいない車のウィンドウが半分開いていて、そのすき間からカーステレオの音が漏れていた。

「たすけて～たすけて～たすけて～」

その声は苦しそうでも助けてほしそうでもなく、どこか平坦な、心がいっさいこもっていないものだった。

昔の話なので記憶違いかもしれないが、確かにいまでも覚えている。

三塁ベース

宮崎県の大学の学園祭に呼ばれたとき、実行委員会の学生たちに九州の怖い話や不思議な場所を教えてもらった。

そのなかでも興味深かったのが、高校野球ファンならおなじみの強豪校にある女子野球部のグラウンドの話だ。

そのグラウンドでは、ケガをする場所の八割が三塁ベース付近だという。特に、二塁から三塁へ盗塁するときには必ずと言っていいほど邪魔をされる。

どうも、三塁ベースから手が出てくるらしい。その手が三塁への盗塁を阻止するのだ。足首をつかまれた選手は捻挫などのケガをする。

また、サードの守備も気をつけなければいけない。三塁線のゴロの処理なども、たまに手が出て邪魔をされる。手はどうも気まぐれのようだ。

こんなことが実際にあるのかはなはだ疑問ではあるが、そのグラウンドは墓地と墓地との通り道に位置している。
もしかすると昔はグラウンドも墓地だったかもしれない。
そう考えると、グラウンドの下に誰かの骨が埋まっていてもおかしくはない。

ストップウォッチ

和歌山県のある高校の学園祭に呼んでもらった。実行委員会の生徒たちに学校の七不思議みたいな話はないかと聞くと、夜中の体育館に現れる帽子をかぶった女の霊や、死んだはずの食堂の黄色いエプロンのおばちゃん、図書室の坊さんの霊、夢に出てくるAED訓練人形のせいこちゃんなど、たくさん話を聞かせてくれた。

なかでもハンドボール部のストップウォッチの話が特に興味深かった。

授業が終わったあと、ハンドボール部の部員は部活が始まる前にまず体育倉庫からストップウォッチを取りにいく。しかし毎回スタートしてから十四時間以上が経過している状態になっている。部活動が始まるのが夕方四時ごろなので、逆算すると深夜二時に誰かがスタートボタンを押していることになる。

いったい何を計っているのだろうか。

ジンジャーエール

博史さんは小学五年生の夏、兵庫県にあるロッジAでカブスカウトの合宿に参加した。合宿の最終日、夜になって恒例の肝試しが開催された。子供たちはロッジから離れた山道をひとりで歩かされる。神社の跡地のような場所に立つ鳥居の前で、火の玉がフゥーッと博史さんの目の前を横切った。

「誰ですか！　これやったの！」

だいたい父兄が隠れて脅かし役をしているのを知っていたので、大きな声を出してみたが誰もいなかった。ビビりながらもなんとか戻ってきた博史さんは大人たちに火の玉の件を尋ねるが、誰も鳥居の位置には隠れていなかったという。

数年後、博史さんの弟もカブスカウトでロッジAの合宿に参加した。

夜、眠れずにトイレに行き、横に長い手洗い場で蛇口をひねったら、その蛇口と同時に隣の隣の蛇口からも水が出た。

次の日の朝、同じ蛇口をひねって水を出してみたが、隣の隣からは水は出なかった。

博史さんは高校生になり、吹奏楽部の合宿で再びロッジAを訪れる。

五年前に泊まったロッジはあのころより寂れている印象で、その代わり隣にビジネスホテルのような新館ができていた。旧館のロッジと新館は渡り廊下でつながっており、廊下は途中まで木造で途中からコンクリートになっていた。吹奏楽部は演奏隊と合唱隊に分かれており、演奏隊の博史さんは旧館のロッジで、合唱隊は新館に部屋をふり分けられた。

初日の夜、みんなでお風呂に入ろうと、大浴場に続く廊下を歩いていると奇妙な扉があった。上側のガラス部分がガムテープで何重もバッテンに貼られ、扉のすき間もガムテープでふさがれ、さらには上から下までいくつもの南京錠がかかっている。

「なんやろなんやろ」と言いながら大浴場に入ると、浴槽に張られていたのは冷水で、シャワーも水しか出ない。

ロッジにはスタッフが常駐していなかったので、服を着直して新館のスタッフに聞きにいくと、

「僕らバイトなんでわからないです、明日オーナーに聞いてください」

そう言って新館から出てきてくれない。次の日には直ったが、結局その日は風呂に

入れなかった。

最終日の夜、霊感があると評判の合唱部のむーちゃんを呼んで、博史さんたちの部屋で怪談大会をした。深夜二時くらいまで盛り上がり、「そろそろ眠たくなってきた」と言ってむーちゃんは新館へ戻っていった。

そのあと残った三人でダラダラと合宿に持ち込んだファミコンをやっていたら、

〝パキパキ、パキパキ〟

テレビと反対側の窓のほうから金属音が鳴った。

〝パリパリ、パリパリ、バリバリ、バリバリ〟

音は次第に大きくなっていく。さすがに無視することもできず音のするほうへふり返ると、窓の前に置かれたジンジャーエールの飲みさしの缶が、バリバリバリバリとどんどん凹んでいき、最終的に爆発した。

〝パンパンパンパン、パーン！〟

「うわぁー！」

博史さんたちは部屋を飛び出し、新館に戻ってむーちゃんを呼びにいった。

むーちゃんを連れて部屋に戻ると、ジンジャーエールは元の状態に戻っていた。

「ほんまやって、つぶれてんて」

むーちゃんは博史さんたちの証言を疑わず、缶の前に座って瞑想しだした。

「昔、ここに井戸があったんちゃうかな。そこに落ちて鼻がつぶれた女の人が出てきたんやと思うで。でも悪い人ちゃうから大丈夫なはず」

むーちゃんは朝まで部屋にいてくれた。

合宿から帰った博史さんは、現像したインスタントカメラの写真を眺めていた。

「これ、なんや？　変なもん写ってるで」

背後から写真をのぞき見していた父親が一枚の写真を指摘する。それは部屋でトロンボーンの練習をしている同級生の写真だった。彼の後ろにはジンジャーエールの缶が置かれていた窓がある。その窓の向こうに見える草むらに、女の人が写っている。

父親が、ほかにも写っているんじゃないかと探しだす。同じように窓が写っている別の写真に、またしても女の人が写っていた。そっちはより顔がはっきり見え、福笑いのおたふくみたいだった。そして鼻がまるでつぶれているようだった。

数ヶ月後、知り合いのお寺の住職に写真を見せた。

「これは井戸に落ちて鼻がつぶれた女の霊やな。でもそない悪いもんちゃうから、ほっといても大丈夫やけどな」

住職はむーちゃんと同じことを言っていた。

勉強合宿

四十年前、ある大学の附属女子校に通っていた坂口さんは、高二の夏に高校主催の勉強合宿に行かされた。合宿所は富士山の近くにあり、終日勉強とテストをくり返すハードな合宿だった。六十人ほどの生徒が参加していた。

その日、坂口さんはなかなか合格点を出すことができず、何度もテストをくり返し受けていた。ようやくテストにパスし、部屋を出ると、友達二人が待っていてくれた。すでに決められた入浴時間は過ぎていたが、ギリギリ間に合うと思い、友達と大浴場へ向かった。

入浴を済ませ「ロビーの自販機でカップラーメン買っていこっか」と、みんなで上の階に上がろうとしたとき、電気が消えた。

「この時間だから電気も落とされたのかな」

「先生に見つかる前に急いで戻ろう」

真っ暗な階段を上がって一階のロビーに出る。すると暗闇のなか、ロビーのソファーに白っぽいワンピースを着た女の子が座っていた。

午前〇時を回ったか回らないか、こんな時間に自分たち以外の生徒が部屋の外にいるのはおかしい。女の子は横顔しか見えなかった。

坂口さんはとりあえずロビーの自販機でカップラーメンを買ってお湯を入れながら様子をうかがう。

「あの子、何年生だろうね。同じ学年かな」

「こんな時間に何してるんだろ」

「誰かと待ち合わせしてるのかな」

「私みたいに勉強できなくて思いつめちゃったりしてるのかも」

「どうする、声かけてみる?」

「いや、それはやめときなよ」

そんなことをヒソヒソ言っていると、女の子がスッと立ち上がった。そして、そのままテクテクと歩き、裏口のドアを開け、外に出ていった。

こんな真夜中に外に出ても合宿所は山の中だ。周りは森しかない。

まずい。死ぬ気だ。

坂口さんは直感的にそう思った。

長い人生で考えるとたいしたことではないかもしれないが、思春期の女学生にとって、合宿所という閉鎖的な空間で、勉強についていけず附属の大学に行けないかもしれないという問題を突きつけられることは、自分の存在価値が危ぶまれる窮地なのだ。

友達も同じ考えだった。

「ダメだ、止めなきゃダメだ！」

友達二人がすぐにダーッと駆け出して女の子を追いかけた。坂口さんも急いで裏口のドアに近づく。

「開かない！」

友達が叫ぶ。

「何で!?」

「キャー！」

パニックに陥った二人はダッシュして部屋へ逃げ帰った。

「ちょっと、何があったの？」

坂口さんは遅れて裏口のドアを確認した。ドアには小さな南京錠がかかっていた。

そんなはずはない。三人全員でドアが開くのを見ていたし、女の子が外に出たのもちゃんと見ている。鍵が開かないなら、あの子はどうやって外に出たんだろうか。

状況を飲み込んだ坂口さんは慌てて友達のあとを追った。部屋まで戻ると、今度はひと足先に逃げた友達にドアの鍵をかけられ、中に入れない。

「開けて！」

暗い廊下で騒いでいた坂口さんの声を聞きつけて先生がやってきた。

「何やってんだ！」

友達も部屋から出てきて事情を説明する。

「いま、女の子が外に出ていったんです！　でもドアの鍵が閉まってて……」

泣きながら坂口さんたちは訴えた。

「そんなわけないだろ！」

裏口のドアは使用しないため、開かないようになっている。

とはいえ生徒が夜中にひとり、合宿所を出ていったとなると大問題である。先生たちは集まって外を見回り、生徒たちの部屋もすべてチェックしたが、全員が合宿所にいることが確認された。

あの子はいったい誰だったのか。坂口さんは彼女の横顔をいまでも覚えている。

怖い話大会

長松さんは小学四年生のころ、野球のクラブチームの合宿で新潟県に行った。

合宿所は民宿で、練習が終わったあと、監督とコーチに集会所のような部屋に呼び出された。

どうやら合宿恒例の「怖い話大会」が開催されるらしい。

チームメイトもみんな集まってきて、そわそわしながら車座になる。

「じゃあ、いまから始めるぞ」

監督が言ったその瞬間。

〝バーン！〟

入口のドアが勝手に開いた。同時に窓ガラスもパリンパリンと数枚割れた。

演出にしてはあまりにもハード過ぎる。子供たちは震え上がった。

「やめようやめよう……」

話を聞くどころではなくなり、現場はパニック状態に陥った。まだ何も始まっていないのに怖い話大会は中止になり、それぞれの部屋に戻って就寝した。

次の日、何ごともなかったように練習をし、その後も誰も昨日の話題には触れず、そのまま合宿は終わった。


長松さんは六年生になり、クラブチームを引退するときに監督とコーチにあの日のことを聞いてみた。

大人たちはキョトンとした。

「え、何の話?」

長松さんはからかわれているのかと思ってチームメイトにも確認した。

「何言ってんの?」

あんなに怖がっていたチームメイトたちが誰も合宿所の出来事を覚えていない。どうやら監督もコーチも本当に記憶にないようだ。

あのとき割れたガラスは誰かが民宿の人に連絡して片づけてもらったことまで長松さんは覚えている。

しかしいまではそれが夢だったのか現実だったのかもよくわからない。

悪魔が笑う

中村さんは高校一年生のときに変な夢を見た。それは友達と学校の廊下でしゃべって、「それウケるね」とお互い笑い合っている夢だった。奇妙なことに、友達の笑い方がだんだんおかしくなっていく。

「ハハハハ、ハハハハハ、ハハハハハハハハ、ハハハワワワ、ハワワワワ、ワワワワ、ワワワ、ワワ、ワワーワーワーワーワーワーーー」

もはや笑い声ではなくなったあたりで、中村さんはバッと意識だけ目を覚ました。意識はあるが、目は閉じたまま体が動かない。

〝なんだこれ、金縛りか？〟

そう思ったが、意識を集中して「目よ開け」と念じたら目が開いて、それから徐々に体がほぐれていく感じで、動けるようになった。

数日後、英語の先生が授業の終わりにこんなことを言った。

「悪魔ってたぶん、いるんだよ」

その先生は授業の時間が余ったときに、よく自分の不思議体験を話してくれる人だった。

「夢のなかで友達としゃべってたんだけど、友達の笑い方がだんだん変になってさ」

その話は昨夜自分が見た夢の内容、そのあと金縛りにあったところまで酷似していた。

「それさ、悪魔なんだよ」

なぜそれが悪魔なのかはわからない。しかし中村さんはそれ以上、深掘りするのが怖くて聞けなかった。

最終電車の女

これは埼玉県出身のイラストレーター、スーパーログさんが高校生のころに体験した話である。

ログさんはその日、友達と夜遅くまでS駅近くのファミレスでしゃべっていた。閉店時間の午後十一時になり店を出たが、まだ話し足りないので続きはログさんの実家で話そう、ということになった。

ログさんはS駅まで自転車で来ていたが、友達のOくんとHくんは隣の駅に自転車を置いていたので、いったん駅で解散し、後ほどログさんの家に集合することにした。

先に家に着いたログさんは友達が来るのを待っていたが、午前〇時を過ぎてもまだ来ない。隣駅から自転車に乗っても二十分もかからない距離である。いったい何をしているんだろうか。携帯電話もない時代だったので、連絡を取りようもなかった。

OくんとHくんが家に来たのは午前三時だった。

「何やってたんだよ、遅ぇよ」

待ちくたびれたログさんがそう言うと、

「え!?　三時!?　なんでそんなに時間経ってんの?」

驚いた二人は顔を見合わせた。

「じゃあやっぱりアレ、ホンモノじゃねえの?」

彼らはここに来るまでに何があったのかを興奮しながら語った。

＊

Oくんと Hくんが乗ったのは最終電車だった。

「あれ、いつもより長くね?」

S駅から隣の駅までは十分ほどかかる。だが二人にはもっと長く乗っているように感じた。窓の外は真っ暗で、電車がいま、どのあたりにいるのかもわからない。

最終の上り電車はガラガラで、同じ車両には奥の反対側の席に女の人がひとり座っているだけだった。

「なあ、あの人なんか変じゃない?」

「うん、さっきからピクリとも動かないよな」

どれくらい時間が経ったのだろう、ようやく隣の駅に着いた。電車を降りると、いつも使っているはずの駅のホームに違和感を覚えた。

「ここで、合ってるよね？」

「うん、合ってるはず」

「なんか変だよな」

「うん、何が変なのかはわからないけど」

「あとさ、電車が止まってる時間長くない？」

二人が降りたあとも、停車中の電車が動く気配はない。

「あの女の人どうしてんだろ」

二人はふと同じ車両に乗っていた女性が気になった。

「え！」

Oくんが思わず声を上げた。車中に座っている女性と窓越しに目が合ったのだ。

「こっち見てる」

「ほんとだ、こっち見てる……。でもおかしくないか？　だってさっきまであの人、俺たちと反対側に座ってたよな。だったらホームから見たら背中が見えるはずなんだよ。なんで正面向いてんの？」

「席移動した……？」

「さっきまでピクリとも動かなかったのに？」

二人は女性から目をそらせないまま、しばらくその場から動けずにいた。

〝プシュ――――〟

唐突にドアが閉まり、ようやく電車が動きだした。

「長かったな……」

「こえーよ、なんなんだよ、あの女」

緊張感から解放された二人がホームから改札へ向かおうと歩きだしたそのとき、同じホームにまた電車がやってきた。

「え、さっきの最終じゃなかったの？」

電車は駅に止まらず、二人の目の前を通り過ぎていく。

「あ、快速急行か」

ガラガラの車内には誰も乗っていない。

「あ！」

誰も乗っていない車両にひとりだけ、さっき目が合った女性が乗っていた。

＊

「だからもうわけがわからなくてさ」

「逃げるように改札出て、自転車乗って、道も暗いし怖いから全速力でお前ん家に来たのにさ」

「そしたら三時間も経っちゃってるわけでしょ」

「だからホンモノだよ、なんかいろいろと」

ログさんは彼らが嘘をついているようには思えなかった。

あれ自殺じゃないよ

広島に住む雄大さんは地元の神社の下にある踏切が危ないとよく耳にした。

「人身事故が多い」

「渡る人の足を下から手が出てきて引っ張るらしい」

「とにかくやばい」

ほんまか？　嘘じゃろ？　子供ながらに噂を半信半疑で聞いていた。

高校生のころ、知人の兄が踏切で貨物列車に轢《ひ》かれた。自殺だった。そのニュースはまたたく間に地域で広まった。

遠いとはいえ、自分とつながりのある人が亡くなったという情報は、フィクションではなくリアルなんだと実感した。

それから時が経ち、大人になった雄大さんが駅前の食堂でご飯を食べていると、常連のおばさんと女将さんの会話が聞こえてきた。

「電車が止まってるみたいね」

「そういえば昔よくあったよね、あの踏切で人身事故、二十年くらい前も高校生の若い子が自殺して」

「あれ自殺じゃないよ」

〝え？〟

雄大さんは聞き耳を立てた。二十年くらい前だと知人の兄が踏切で自殺した時期とかぶる。

「私、見たのよ。あのとき、学生服を着た男の子が遮断機をまたいでいって……」

〝カーンカーンカーンカーンカーン〟

警報音が鳴り、遮断機が下りてくる。

立ち止まっていると、後ろからやってきた男子高校生が遮断機をまたいで線路のなかに入っていった。

〝バタン〟

彼は踏切の真ん中で突然倒れた。

「人間ってね、焦れば焦るほど動けないのよ。必死で起き上がろうとしてたんだけど、足をバタバタさせるだけでどうにもならないの」

パーンという音と共に、そのまま貨物列車が通り過ぎた。

「あの子さ、踏切の向こう側へ行こうとしただけだと思うの。だって、自殺だったら足バタバタなんかしないじゃない」

黄色い帽子

珠里さんが友達のYさんから聞いた話。

Yさんが高校生のとき、部活が終わって三人で下校していたら、幼稚園児の小さな男の子が道路の真ん中で泣いていた。

「どうしたの？」

「おうちがわからなくなって帰れないの」

「じゃあお姉ちゃんたちも一緒に探してあげるよ」

Yさんは友達と三人で男の子に「どんなおうち？」「この道はいつも通るかな？」など声をかけながら一緒に近くを歩き回った。

「あ、おうちだ！」

男の子は突然走りだして目の前の一軒家に入っていく。

よかった、見つかったんだと思って三人は安堵したが、突然走りだしたものだから男の子は黄色い帽子を道端に落としてしまっていた。

Ｙさんは帽子を届けようと男の子が入っていった家のインターホンを押した。玄関に出てきたお母さんらしき人は、帽子を見るなり突然泣き出した。男の子は交通事故で亡くなっていたのだった。

男の子はいない。しかし帽子は確かにそこにあった。

Ｙさんたちが男の子と一緒に歩いていた道中、Ｙさんたち以外の人には帽子が宙に浮いているように見えたのだろうか。

集合写真

坂口さんの母は小学校の同級生たちと担任の先生のお墓参りに行ったとき、集合写真を撮った。

当時の先生よりも大人になった母と同級生たちが、先生のお墓を真ん中にして取り囲み、学級写真のように撮影した。

しかし、なぜか何回撮ってもスマホに記録されない。

ようやく撮れたその一枚の写真を母親に見せてもらった坂口さんは、写真の左上を指差して母に尋ねた。

「これは……?」

「そうそう、これ先生」

それはまるでクラスの集合撮影のときに休んだ子の顔写真が端に置かれるように、亡くなった先生の顔が写っていた。

秘密の共有

坂口さんは小学二年生のときに、新しくできた団地に引っ越した。マンモス団地だった。通うことになる学校も新しく創立されたもので、生徒たちはいろんな学区から集められ、全員が「はじめまして」だった。

まだ学校が始まる前の、団地に住みはじめたばかりのころ、坂口さんが住む三号棟のすぐ近くにある二号棟で自殺があった。飛び降りたのは赤ん坊を抱いた母親だった。「赤ちゃんも死んじゃったんだ、怖いなぁ」という印象だけ残っていた。

各棟には二階部分に屋根がある。雨が降っても濡れずに歩くことができるように、アーケードの屋根がくっついているのだ。

坂口さんが中学生になったころ、二号棟の二階に住む同級生と仲良くなり、友達数人でその子の家によく遊びにいった。

「実はね、団地ができてすぐに飛び降りあったでしょ、あれ、うちの前なんだ」

彼女の部屋の窓からはアーケードの屋根がすぐ見える。

「私、見ちゃったんだ」


〝――ドン！〟

部屋で留守番していた彼女は突然の爆発音にびっくりした。何が起きたんだろうと恐る恐る窓を開けると、アーケードの屋根の上に飛び降りた親子が横たわっていた。

当時小学二年生だった彼女は慌てて団地の下の薬局で働いている母親を呼びにいった。

それから警察が家に来て、部屋のベランダからアーケードの屋根に移り、遺体を回収した。


「それでね」

彼女は窓を開けた。アーケードの屋根がすぐにでも飛び乗れる位置にある。その屋根と外壁のすき間に、サンダルと小さな靴が置かれていた。

「これ……回収されてないやつだよね」

坂口さんはゾッとした。それは亡くなった母親のサンダルと赤ん坊の靴だ。そのことは彼女だけが知っていた。もちろん怖くて触れないので取ることもできない。小学二年生のころからずっとそこにあるという。

彼女がそのことを誰かに打ち明けたのは初めてだった。坂口さんは怖かったけど、七年間もそこで生活している彼女のことを思うと、できるだけ彼女の家に遊びにいってあげようと思った。

ある日の夕方、いつものように彼女の部屋で友達数人と集まってビデオを観ていた。普段はカーテンを閉めていたけど、その日は開いていて、視界の端に窓の向こうを誰かがスーっと通り過ぎていくのが見えた。

アーケードの屋根にはよく近所で野球やボール遊びしている子のボールが乗っかっていた。屋根の端の方の下に柵があり、そこから子供たちはよじ登ってボールを取りに来る。だから彼女の部屋の窓から子供が横切る姿は何回か見た。しかし彼らはボールを取ったあと、柵のある位置まで必ず戻ってくる。つまり、行きと帰りの二回通り過ぎるのだ。

そのときはいつまで経っても人影は戻ってこなかった。

「いま、誰か通ったよね」

みんなで窓の外を確認したら、誰もいなかった。しかしそんなことよりも、全員が別の違和感に気づいていた。

少しの沈黙のあと、その場にいたひとりが口を開く。

「ねぇ、顔、おっきくなかった?」

やっぱりほかの子もそうだったのだ。通り過ぎた人物の、顔が異常に大きかったことに坂口さんも気づいていた。

「夕方だったから、そう見えたのかな」

じゃあ試してみようということになり、友達がベランダから屋根に下りて窓の前を通り過ぎてみる。さっき見た人物の顔の大きさにはまったく見えなかった。

「じゃあ、あれはなんだったんだろうね」

それ以上はみんな考えないようにした。

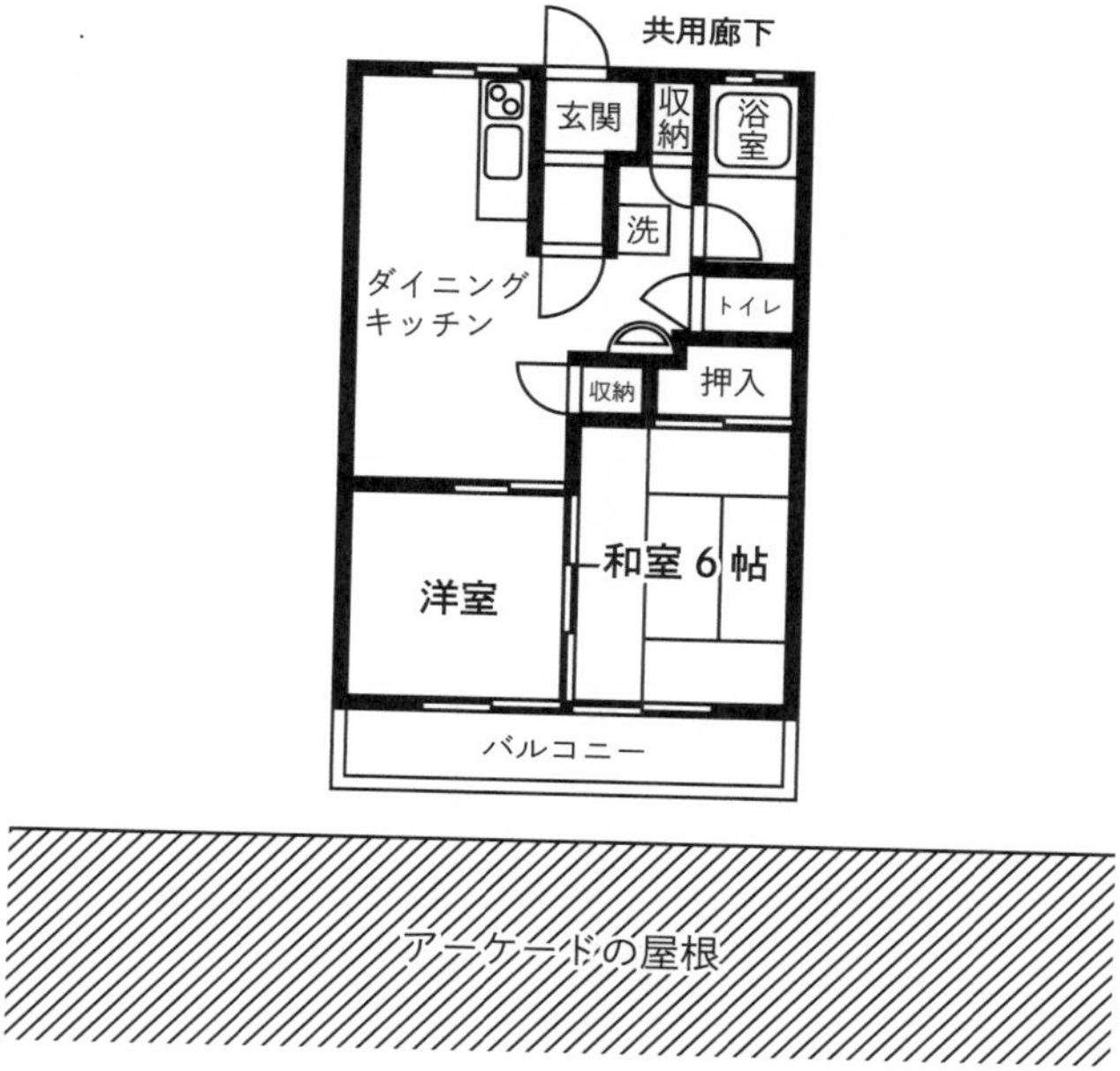
共用廊下
玄関
収納
浴室
洗
ダイニング
キッチン
トイレ
収納
押入
和室 6 帖
洋室
バルコニー
アーケードの屋根

カッパの少年

ちゅうすけさんが小学四年生のとき、池本くんというクラスメイトがいた。

彼はクラスでは頭はいいほうで、ぽっちゃりして真面目でドラえもん好きで下ネタが苦手などこにでもいる小学生だった。

しかし時折、ニヤニヤしだす。授業中でも、急に南の方角を向いてニヤニヤし、小指をペロペロなめだす。

「なんで小指ペロペロすんの?」

池本くんに聞いてみると、

「そんなことしてないよ」

彼は自分の奇行を認めない。いや、無意識なのか、気づいていない様子だった。

昼休みになると運動場の南の端っこにフラフラと行って、やはり小指をペロペロしながら金網の向こう側を眺めている。

一度みんなであとをつけて運動場の端に行くのを止めてみた。

「やめてよー！」

池本くんは全力でクラスメイトの手をふりほどき、また運動場の南の端へ行って、ニヤニヤ、ペロペロするのであった。

ちゅうすけさんは小学六年生のときに転校したのでその後の池本くんを知らない。高校に入り、久しぶりに小学校の同級生と再会したので池本くんについて聞いてみたら、彼は中学生になるとガリガリになり、途中から学校に来なくなってしまったそうだ。


僕はその話を聞いてまず、「南側を向いて小指をペロペロする」という行為が気になった。小学校があった位置を古地図で見てみると、百年前の大正時代には運動場の南東側に大きな池があったことがわかった。池は現在も一部残っているが、その大半が埋め立てられている。

これは「河童憑《かっぱつ》き」ではないだろうか。

河童憑きに取り憑かれた者は放心状態になり、ときどきわけのわからないうわ言をしゃべり、食事もとらずにやせ細って動けなくなる。女性が取り憑かれることが多いが、男性が取り憑かれた例もある。その場合、河童とえんえん相撲を取り、しかし周りからはひとりで相撲をしているように見える。

河童憑きを落とすためには柱に荒縄で縛りつけ、祈禱しなければならない。しかし本人あるいは縄を水で濡らしてしまうと、河童は力を得て縄を切り、逃げだしてしまう。

小指をペロペロなめていた少年が、中学生になりガリガリにやせ細る。

彼は池に住んでいた河童に魅入られてしまったのではないだろうか、と、勝手ながら想像した。

真田幸村《さなだゆきむら》

僕が霊能者に大阪の事故物件密集地域を案内するという雑誌の企画があった。事故物件公示サイト「大島てる」によると、その地域は一区画に事故物件を示す炎のマークが十個もついている。

飛び降り、首吊り、火災、硫化水素自殺、殺人、無理心中……。

「ああ、ダメ。ちょっと喫茶店で休憩してもいいかしら」

霊能者は開始早々に頭を抱え、音を上げた。

近くの喫茶店に入り、いかにこの地域が霊的によくないかを説明してくれた。

「とても強い悪意を感じるわ、怨念というか、怒りというか……あ、来る来る来る」

〝カクン〟

霊能者はそのまま意識を失ってしまった。どうすることもできない編集者と僕があ然としていると、突然カッと目を見開き、こう言った。

「ワシは、真田幸村じゃ！」

喫茶店に真田幸村が降臨した。

「ワシは大坂の陣で異国の者にだまされ、徳川に城を明け渡してしまった。ゆえに、この地にたたずむ異国の者どもを末代まで許しはしないのじゃ」

幸村が外国人にだまされたという話は聞いたことがなかったが、大坂の陣で徳川と争った場所であることは間違いない。その地域は現在、外国人が多く住んでいるため、外国人による事故物件が確かに多い。まさかその理由として、真田幸村の怨念が関係しているというのだろうか。

しかしその前に、僕はある疑問を霊能者に取り憑いた幸村に聞いてみた。

「幸村さん、真田幸村という名前は確か幸村さんが亡くなってから呼ばれるようになったものだと思うのですが……」

真田幸村の本名は真田信繁《さなだのぶしげ》である。僕はどうしてもそこが引っかかったのだ。

「おまえ！」

まずい、機嫌を損ねてしまったか？

「正直に物を言う小僧だな。気に入った！」

よかった、逆に気に入られたようだ。

「ワシはおまえらがわかりやすいように合わせてやっているのじゃ」

なんと、幸村は現代の我々に気をつかってくれていたのだ。

「しかしワシの怒りはまだおさまらん。あの異国の者どもをひとり残らず……ハッ！」

そこで霊能者は大きく首をふった。

「ふぅ、もう少しで幸村に全部乗っ取られるところだったわ」

どうやらギリギリで体内から幸村を追いだしたようだった。

霊能者はかなり体力を使ったのか、いったん気持ちを落ち着かせるために席を外し、トイレに向かった。

十分後、汗だくになった霊能者がトイレから戻ってきた。

「危なかったわ、あやうく外国人の方々を皆殺しにするところだったわ」

トイレは喫茶店と併設するホテルの中にあり、霊能者がホテルに入ったときにはフロントに海外から来た団体の観光客が二十人くらいたむろしていた。そこでまた幸村が霊能者の中に入り込んだのだ。

「おのれ異国の者ども、皆殺しにしてくれる！」

幸村の強烈な思念が霊能者の頭に流れ込む。霊能者は自分の中で必死に幸村を押さえつけ、なんとかその場を乗り切った。

「彼の怨念は相当なものよ。残念ながら私ひとりの力ではどうすることもできないわ」

結局、雑誌の企画は事故物件よりも真田幸村一色になった。

東京へ帰る霊能者を見送るため、僕は新大阪の駅まで同行した。しかし別れ際、突然左足に激痛が走る。

イタタタタタと足を押さえていると、霊能者が僕を見て言った。

「あらやだ、タニシさんの左足を真田幸村がつかんじゃっているわ。タニシさん、ずいぶん気に入られたのね」

霊能者が新幹線に乗ったあとも、しばらく痛みは続いた。

取り憑かれた本人の話

バンド「にゃんにゃんブーメラン」の女性ボーカリスト・加藤宇宙さんが「ありがちな話なんですけど」と言いながら話してくれた。

宇宙さんは心霊スポットに行くのが好きで、よく仲間を誘ってくり出していた。

その日、向かったのは山梨県にある花魁淵《おいらんぶち》。戦国時代、武田家滅亡後の金山奉行が、武田信玄が所有した金山の秘密を隠すため、関わった武士と遊女五十五人を宴会と称して川の上に設置した舞台に集め、遊女が舞っている間に舞台を支える蔓を切り、皆殺しにしたとされる場所。現在は閉鎖されているが、当時は現場近くまで入ることができた。

花魁淵に着くと、そこは街灯ひとつない漆黒の闇。宇宙さん一行は勢いと若さで来てしまったため、懐中電灯も何も持っていない。仲間たちはみんな「行きたくない行きたくない」と、誰もワゴン車を降りようとしない。しかし宇宙さんは、せっかく長い時間かけて来たんだから絶対に行くと言い張った。

「いま考えるとその時点でもうおかしくなっていたのかもしれないですね。なんで行かないの、もったいないじゃんって。それでしかたないから、皆殺しの場所にひとりで向かったんです。歩きだしてみると、確かに怖いなーとは感じたんですけど、もう真っ暗すぎて、これ足を踏み外したら物理的に死ぬんじゃないかと、心霊とかじゃなくて。ある程度は歩いたんですけど、これ以上進んだら死ぬなと思って引き返しました」


戻ってきた宇宙さんを仲間たちは「大丈夫だった？」と心配した。

「なんもないなんもない、ただ暗くて危ないから戻ってきた」

平然と答え、宇宙さんはワゴン車に乗り込んだ。

帰り道、宇宙さんは運転席の後ろに座って、仲間と会話していた。すると、途中から妙なことを言われだす。

「ねえ、なんか言葉づかいが変だよ」

宇宙さんは何のことを言われているのかわからなかった。

「さっきから、なんとかだわよ、とか、なんとかですわね、とか、いつもそんなしゃべり方しないじゃん」

宇宙さんは普段からどちらかというと男っぽい言葉づかいを多用する。しかしそのときは、仲間にはどうも不自然な女言葉を使っているように聞こえているようだった。

「そんなことないわよ」

「ほら、いま使ってんじゃん」

あれ？　確かにいま変だった。そんなこと言ったつもりはないのに、自分から発せられる言葉に変な語尾がくっついている。

自覚してしまうと、だんだん自分なのに自分じゃないような感覚になってきた。勝手に手が動いたり、勝手に言いたくもないことを言ってしまったり、どんどん意識と行動が離れていく。自分で自分を操縦できるはずなのに、その当たり前のことができない。

「オーホッホッホッホッ」

突然高笑いをした。もうこれは完全に自分ではない。頭のなかで「何これ何これ」と思っているうちに、自分の両手がするする伸びて、前にいる運転手の首を絞めようとしはじめた。

「え？　え？　え？　なんで？　って思ってるんですよ、自分でも。思ってるのにもうダメ、手が勝手に動いちゃって。それでギュッと運転手の首を絞めちゃうんですよ。ああ、やっちゃった……って」


「きゃーーー！！！」

騒然とする車内。

〝キキキキーー！〟

首を絞められた運転手はとっさにブレーキを踏んだ。ワゴン車は止まり、仲間たちがいっせいに宇宙さんを車の外に引きずり出した。

〝バン！　バン！　バン！〟

仲間に背中を思いっきり叩かれて、宇宙さんは元に戻った。


誰かが取り憑かれた話や、取り憑かれた本人が記憶にない話はよく聞くが、取り憑かれた本人が冷静で意識があった話は初めて聞いた。

若さ

ある人から相談を受けた。娘の友達が取り憑かれているらしい。

娘と同じ大学の、一学年上の先輩。一度も話したことがないのに突然、彼は娘さんに、「自分は霊に取り憑かれているから死ぬつもりだ」と言ってきたという。

話を聞くと、彼は十三歳のころ、友達とのゲーム対決に敗れ、負けたほうが大阪北部の山のなかにあるお札がびっしり貼られた家からお札をはがして持って帰ってくるという罰ゲームを実行することになり、はがした瞬間から何かに憑りつかれたようになったとのことだ。

それ以降、深夜に突然騒ぎだしたり、お札の家に行こうとしたりするらしく、親が彼の部屋に鍵をつけて外に出られないようにしたものの、彼には騒いでいるときの記憶がまったくないという。

「こんなことは誰にも言ったことがないのに、なぜか君には話せるんだ」

娘さんに彼は言ってきた。

それから娘さんは彼を心配するようになり、たびたび電話をするようになった。

電話中、彼は、「いまからお札の家に行く!」とわめいたりするので、娘さんも困惑して父親に相談したという。

僕はその父と娘をある神社へ連れていった。

神社の宮司は「若さだね」と言った。

寝っ取られ

琴美さんが住んでいた東京のマンションは飛び降り自殺があった。それがわかったのは途中から一緒に住みはじめた彼氏が、琴美さんのマンションに事故物件がないか、事故物件公示サイト「大島てる」で調べたからだった。

亡くなっていたのは男性で、事故があったのは琴美さんの部屋ではなかったが、数年前、帰宅したときに「今日は救急車やパトカーがマンションの周りにたくさん来てるなあ」と思ったことがあったので、あの時のあれが飛び降りだったのかと、数年越しに合点がいった。

その話をした日の夜、隣で寝ていた彼が突然起きて琴美さんの下着を引っ張った。

「ねえ、これなに？」

寝ぼけていた琴美さんはしつこく聞いてくる彼に「んん、パンツ」と答えた。

「パンツ？　パンツなの？」

そう言って彼はケタケタ笑い出した。

「ねえ、琴美ちゃんですか？」

今度は名前を聞いてきた。

「琴美ちゃんだよ」

すると、彼はスッと眠りに落ちた。なんなのよ、と思いながら再び琴美さんも眠った。


「なあ、なんか俺、変じゃなかった？」

再度、彼に起こされる。あれ？　さっきと様子が違う。そうだ、彼は普段、関西弁だ。しゃべり方もイントネーションも違う。それに彼はパンツなんかで笑わない。こっちがいつもの彼だ。

「いま、やっと動けるようになってん」

体が突然ブワァーっと何かに包まれて、自分の意思で動かせなくなったと彼は言う。その間、琴美さんの声だけは聞こえていたが、どうもおかしい。まるで自分と会話をしているようなやりとりだった。だから彼は琴美さんに自分の様子を確認した。

「誰かに乗っ取られてたんじゃない？　あ、飛び降り自殺の話をしたからかもしれないね」

数年前の出来事なので、マンション内ではもう飛び降り自殺がなかったかのように日常を取り戻している。自殺した男性は、自分の話をしている彼の中に入り込んだのだろうか。

ゆきひこ

四谷に住む六十代の林さんは、いまから十五年ほど前に渋谷から四谷へ引っ越してきた。五階建ての古いマンションの最上階で奥さんと二人暮らし。特に近所づき合いもすることなく一年が過ぎたある日曜日の夜十一時半ごろ、明日は朝から仕事なのでそろそろもう寝る準備をしようかと思っていると、インターホンが鳴る。

〝ピンポーン〟

こんな時間に誰だろう。

古いマンションではあるが一階はオートロックで、モニターには訪問者の姿が映しだされる。しかし画面には誰もいない。

奥さんと二人「おかしいね」と首を傾げていたら、

〝ピンポーン〟

二回目の呼び出し音が聞こえた。今度は一階からではない。自分たちの部屋のドアホンが鳴っている。夜十一時半に直接、ドアホンを鳴らす人間など、マンションの住人か管理人以外には考えられない。管理人はマンションに常駐しているわけではないし、そもそも一階からインターホンを鳴らしていたので外からの来訪者であろうと思われる。しかしいったいどうやって五階まで上がってきた？

用心しながら林さんは玄関のドアを開けた。だが誰もいない。

おかしいなと思って廊下を見渡すと、遠く離れたエレベーターの前に黒い人影のようなものが見える。

〝ん？　あれか？〟

目を凝らして見ると、割烹着のような長い灰色のワンピースを着て、眼鏡をかけた五十代くらいの女性が下を向いて立っている。気味は悪かったが、そのままにしておくのも不自然なのでドアを半分開けた状態で声をかけた。

「どちらさんですか」

〝…………ダダダダ！〟

女は突然走り出し、林さんの目の前まで距離をつめてきた。

「林さんのお宅ですか」

か細い声で尋ねてくる。

「は、はい」

「ゆきひこいます？」

「え？」

「〇〇工場に勤めていた林さんですよね」

林さんは工場勤務もしたことないし、妻との間に子供もいない。

「いや、違います、間違いですよ」

そう言うと女はガッとすき間に足を突っ込み、ドアをバンと開けて、

「ゆきひこ、ゆきひこ！」

叫びながら中に入ろうとしてきた。

「間違いです、間違いです」

「ゆきひこいませんか」

「ちょっと、本当にいませんから、本当いませんから」

「ゆきひこいますよね、ゆきひこ！」

「ゆきひこさんはいません！」

林さんはとにかくドアを閉めた。

いったいあの女は何者なんだろうか。

もちろん奥さんも、ゆきひこという存在に身に覚えはない。

林さんはマンションから女が出ていく様子を確認しようと、ベランダに出てマンションの入口をしばらく見ていた。

しかし女が出ていくことはなかった。

ということはやっぱりマンションの住人なのか……。

翌日、出勤するため朝、家を出たら、ドアの横にビニール袋に入った白い大きな何かが置かれていた。中身は重ねたタオル地を手縫いしたオムツ風の物体と、ジップロックの中に入れられた三十枚ほどの五十円玉だった。

林さんは「間違いです」と書いた紙を貼って、マンション入口の郵便ボックスの上に置いた。

管理人にも尋ねたが、「そんな女性は見たことがない」と言われた。

数ヶ月後、林さんの家の前にまたビニール袋が置かれていた。

中身は食パン半斤とトマトだった。

あいさつ

青田さんは少し前に引っ越した。新居の大家さんは七十代くらいの男性で、毎日、共用部を掃除していて顔を合わせる機会も多い。青田さんは新参者ゆえ日々の礼儀はしっかりしておこうと、ハキハキとしたあいさつを心がけていた。しかし大家さんはあいさつするたびにちょっと笑っているというか、苦笑いしているような雰囲気だった。

ある日、大家さんに「今日も元気やなぁ」と言われた。

しまった。しっかりハキハキとを心がけ過ぎて声が大き過ぎただろうか、うるさかったかもしれないと反省し、その日から声を落としてあいさつするようになった。

しかし抑えたあいさつでも大家さんは苦笑い気味に「元気ええなぁ」と答えてくる。

青田さんは幼少期からおとなしい、暗い、陰気、顔色悪い、生気ない、しんどそうなどと言われ続けている筋金入りの陰キャだと自称する。いままで他人から「元気ええなぁ」など言われたことがなく、動揺した。
家族にこのことを話すと、
「誰か別の人と間違われてるんちゃう?」
と首を傾げていた。
ある日のゴミ出しでまた大家さんに遭遇した。もはやささやくような最低限の声で
「おはようございます……」と言うと、大家さんはびっくりしたように目を丸くして
「君はやっぱり元気やなぁ」と言った。

優しいチーフ

イクヤさんの友達は四日市の飲食店で働いていた。一階がレストランで二階が宴会場になっている。

その友達が二階で宴会が終わったあとの片づけをしていたら、

「お前、本当にいい加減にしろよ」

真後ろからチーフの声が聞こえてきた。

「お前ふざけんなよ、仕事も遅いし」

〝え、俺のこと？〟

そう思ってふり返ると、誰もいない。

一瞬だけ二階に来て下に行ったのかなと思い、気になって一階に下りてみると、チーフがアルバイトのおばさんと話していた。

「も〜やめてくださいよ〜、これはこうやってやるんですよ」

チーフはおばさんにニッコリしながら仕事を教えている最中だった。

「あれ、さっきチーフ怒鳴ってませんでした？」

そう聞くと、

「え？　なんで？　何も怒ってないですよ」

キョトンとした顔でこちらを見る。すると、またおばさんが何かの作業を間違えたようで、

「あ〜、ですからこれはね、こうやってやるんですよ〜」

再びニッコリしながら教えていた。

そのおばさんは二週間後に仕事をやめた。

「は〜、よかった、やめてくれて」

チーフはニッコリつぶやいた。

チーフはその後も誰に対しても優しいチーフだった。

ポン太

安藤さんの母親が働いていたお好み焼き屋の大将は、タヌキを車で轢いてしまった。

なんてひどいことをしてしまったんだと、かわいそうだからと、自分で剥製《はくせい》にした。

それからというものの、大将は剥製作りにハマってしまった。

店には剥製がどんどん増えていった。

タヌキ、キジ、ウリ坊、イタチ、ハクビシン……。

店内にところ狭しと飾られだしたあるときから、大将の顔つきが変わってきたと母親は話す。

目が死んでいるというか、気力がないというか。

その店の名前は「ポン太」という。

カエルの呪い

昔は都会にもガマガエルがいた。

九〇年代、石渡さんが子供だったころ、たまに大きなガマガエルが現れると子供たちはテンションが上がった。

「でけー！」

「やべー！」

テンションが上がると近所の連中を集めて大騒ぎになる。盛り上がってくると誰かが石を投げはじめる。それを見て周りの子供もあとに続く。

子供たちは無垢で残酷だ。石渡さんも石を投げた。

ガマガエルは意外としぶとく、石が当たってもなかなか死なない。弱りながらも生きている感じがなんともやりきれなくなり、石渡さんはトドメを刺すべく少し大きめの石を思いっきりガマガエルめがけてぶん投げた。

石は左目の上あたりに命中し、グチャという音とともにガマガエルは絶命した。そうなると子供たちはしーんと静まり返る。

「ちょっとやりすぎじゃない」

一緒に石を投げていたはずの仲間から石渡さんを責める声がこぼれた。

石渡さんは複雑な気分になりながら家に帰るものの、この思いを親にも話せず、悶々としながら夕飯を食べた。

次の日、学校は休みだったので、デパートに家族で買い物に行った。おもちゃ売り場で「あれ欲しい、これ欲しい」とはしゃいでいるうちに、石渡さんはカエルのことなどすっかり忘れた。買い物のあと屋上遊園地に行って(当時はデパートの屋上にちょっとした遊園地があった)乗り物に乗ろうと並んで待っていたら、突風が吹いた。

大きな何かが近づいてくる。

そう思ったときには遅かった。石渡さんにどこかから外れた看板が激突。

その時にできた左目の上の傷痕が大人になっても残っている。

落ちた鐘

福井県の大学の軽音学部のOBたちが、農業用の倉庫をDIYで改装し、自分たちだけでDJイベントをやっている。そこにお邪魔して怪談を集めていたら、地元出身のとしのぶさんがおじいちゃんから聞いた、近所の神社にまつわる話をしてくれた。

福井県坂井市東長田の八幡神社には火の神様である不動尊が祀られている。

昔の人たちは、火事にならないようにお参りしたという。万が一、村で火事が起きてしまった場合は、神社にある小さい鐘をガンガンガンと鳴らして村全体に知らせていた。

明治時代、このあたりはどの家も玄関に鍵をかけず、神社の本殿も普通に中に入ることができた。

ある日、神社の本殿で遊んでいた近所の子供たちのうちの誰かが、御神体の鏡を割ってしまった。

子供たちは、大人たちに怒られると思って、そのまま放置して逃げ帰った。

後日、近所で火の手が上がった。

火事に気づいた村民が神社の鐘を鳴らしてみんなに知らせようとした瞬間、鐘がボーンと落ち、鳴らせなくなってしまった。

村民の多くは火事に気がつかず、火が広がって多くの人が亡くなったという。

福井県坂井市東長田の八幡神社

沈むユンボ

ちなみさんの母親は北関東の小さな村で生まれ育った。その村から隣の村に至る坂の途中に、古い道祖神《どうそじん》が二体祀られていた。あまりに古い石像のため顔もよくわからないが、いつのころからか「お不動様」と言われ、坂道は「不動坂」と呼ばれていた。派手な祭りも行事もない村だったが、子供の誕生やちょっとした願いごと、病気やケガの快癒祈願などにお参りする、身近で便利な神様として親しまれていた。

誰が管理の責任者というわけではないが、お不動様のすぐ脇の崖下に大きな池を持つ古い農家の人が面倒を見ていた。その農家は集落では有数の旧家で、馬や牛や鶏や羊などの家畜を飼っていた。

農家の池には鯉やイモリや蛇、カエル、いろんな水辺の虫などが棲息していた。たくさんの生き物に囲まれて暮らす農家の家族は、近所でも評判の豊かでおおらかな人たちだったが、代が替わっていくうちに、古い大きな家ではなく、いまどきのモダンな家が欲しいと言いだす男が現れた。

男は新たに家を建てる土地として庭をつぶすのはもったいないと思い、利用価値のない池をつぶそうと考えた。

「古い池は簡単につぶすもんじゃない、やむをえない場合はしっかりとお祓いをしなさい」

古老たちが忠告をするものの男は聞く耳を持たず、お祓いをするにも埋め立てを業者に頼むにもお金がかかる。ならばお祓いはせず、埋め立ても自分でやろうと行動を起こした。

男は池の水を抜き、生き物はすべてそのまま裏山を崩した土をかぶせて埋め、その上に自らズンズンズンとユンボで乗り入れていった。

池の真ん中に差しかかったところでユンボは男を乗せたままゆっくりと沈みはじめた。脱出しようとしてもなぜか動くことができない。助けを叫ぶ声も出せないまま男は土の中に沈んでしまった。

村の人々は「生き物の祟りだろう」と噂し合った。

不可解なのは、ユンボがちょうどはまる深さだったことだ。池の深さはそれほどでもなかったのに、なぜ脱出できなかったのか。

もうひとつ不可解なのはこの事故の一週間前に、男に生命保険が五千万円ほどかけられていたことだった。

お不動様がこつ然と姿を消したのはそれからすぐあとのことだった。

当時は道祖神の盗難が流行っていたので、おそらく何者かが盗んでいったのだろうが、その後も名前だけが残り、その坂は不動坂と呼ばれ続けた。

それから数十年。

盗まれたお不動様はいつの間にか元の場所に戻っていた。

あまりに風化が激しくて売り物にならなかったのか、盗んだ者に何ごとかあったのか、真相はわからない。

身代わり住職

　省三さんは娘が二歳のころ、新たに家を買おうとしたが近所の寺の住職に止められた。

「その家はやめたほうがいい。命が危ない」

　しかしもう手付金を払ってしまっていたので家を買うことはやめず、その代わり住職にお祓いをしてもらうことにした。

　しかし、なかなか住職と連絡が取れなかったので寺に行くと、葬儀の真っ最中で、弔われていたのは住職だった。数日前に心筋梗塞で亡くなったそうだ。

　省三さんは「命が危ないと言った本人が亡くなってしまうとは」と驚いたが、省三さんの母は「住職さんが悪いモノをかぶってくれたんだね」と言った。

優しさ

福島県に住むMさんは小さいころからずっと猫を飼っていて、いまは実家に六匹の猫がいる。動物が大好きなのだが、動物がらみの不運が多い。

中学三年生のある朝、自転車で学校に行く途中、道路に狐の死体があった。Mさんの家は田舎のほうにあったので、近くの道路でタヌキや狐がよく車に轢かれて死んでいる。通りがかって見て見ぬふりもなあと思い、狐を道路の端にのかせた。学校に着くと、生まれて初めて立っていられないくらいの貧血になる。その日は学校の行事で職場体験学習が行われる日だったので、先生に「今日は保健室が使えないからお母さんを呼んで帰りなさい」と言われ、中学三年生までずっと達成していた皆勤賞が途絶えた。

高校三年生の夏休みのある朝、短期バイトに行く前に、飼っていた猫が老衰で亡くなってしまう。悲しいけど出勤しないといけないのでバイトに行ったら、ベルトコンベアの作業で軍手がはさまってしまい、そのまま右手がベルトコンベアに吸い込まれ、五十八針を縫う大ケガをする。

大人になってからも、事故に遭った。

数年前、車を運転していて右折レーンを曲がろうとしたら、直進してきた車に正面衝突された。こちらが青信号だったので向こうが悪いのだが、タイミングが悪ければ命を落としていたほどの事故で、車は廃車になった。

その三日前、Mさんは狐の死体を片づけていた。大きい道路でなければ、わりと死体は片づけてしまうという。

どうして良いことをしたのに事故に遭うのか。

霊感のある人には、良くも悪くも憑かれやすいと言われたそうだ。

僕はその話を聞いて、教訓ではないかと思った。自分が愛せる範囲だけ大事にする。よけいな優しさは、より不幸を近づけることにもなるような気がした。

悲しみ

ドラマの撮影現場でお世話になった井口昇《いぐちのぼる》監督から聞いた、元葬儀屋の撮影スタッフの話である。

そのスタッフが葬儀屋で働いていたとき、ある葬式で棺におおいかぶさり泣き崩れている女の人がいた。故人とかなり仲の良かった人なんだろうなと思ってよく見ると、遺影の写真とまったく同じ顔だった。

老夫婦

廃墟マニアのBさんは、京都府舞鶴市の山奥にある戦争遺構「第三火薬廠《かやくしょう》」を探して山道をひとりで歩いていた。近くには「ロシア病院」と呼ばれる心霊スポットもあるのだが、その廃墟も第三火薬廠の一部なので病院ではなく、それらはすべて旧海軍の火薬製造施設である。

舗装されていない山道は普段あまり人が歩くようなところではない。Bさんはそこでひと組の老夫婦と出会う。

何でこんな場所に？

そう思ったが、話を聞くと、夫婦で散歩をしにきたとのことだった。しかし、明らかに散歩で来るような場所ではなかった。

Bさんは老夫婦と十五分ほど山道を一緒に散策した。

「もう少し歩きますと、土手の上に首吊りをした跡が残っています。ぜひ拝んでから帰ってくださいと別れた。

最後に老夫婦はそう言い残し、Bさんと別れた。

気になったBさんは土手の上へ行くと、一本の木にロープがぶら下がっているのを見つける。そして真下には、簡易にこしらえた祭壇のようなものが置かれていた。

「ああ、ここで亡くなったのはおそらくご夫婦のお子さんなんだ」

Bさんはそんな気がした。

土手の上からすぐに老夫婦を探したが、二人の姿はどこにも見当たらなかった。

後ろのおばさん

T子さんが阿佐ヶ谷に住んでいた二十年前、近所の飲み屋で知り合ったHさんとよく一緒に飲んでいた。

Hさんは大学生で、飲屋街近くの風呂もトイレも共同のボロアパートに住んでいた。

ある日、酔っ払ったT子さんが友達と二人で夜中に悪ノリでHさんのアパートの前まで行った。

「Hちゃん飲もうよー」

アパートの外からHさんの部屋に向かって声をかけると、ガラっと窓が開いた。

「ごめん明日、大学早いんだよね、ごめんごめん」

そう言ってピシャリと窓を閉められた。


それから数日後、改めてHさんと飲む。

「この間はごめんね」

「いや、こっちこそごめんね、夜中にいきなり押しかけて」

「ところでさ、T子さんの後ろにいたおばさん、誰？」

そのときいたのはT子さんと、共通の友達二人の計三人。全員同世代。しかしHさんは四人目の知らないおばさんは誰なのかと聞く。どうもT子さんがどこかの飲み屋で知り合った初対面の人を自分の家まで連れてきたんじゃないかと思ったらしい。もちろんそんな人などその場にはいない。

Hさんが住んでいたアパートの向かい側には、いかにも「切ってはいけません」と言わんばかりの大きな木が一本生えていた。

Hさんには T子さんとその木との間に知らないおばさんが立っているのが見えたという。

現在アパートはもう貸し出されておらず、改装され、一階がカフェになっている。木はいまでもそのままだ。

アパートの向かい側の木

タクシー

　タクシーに乗ったら、単刀直入に聞くようにしている。

「運転手さん幽霊とか見たことないですか？」

　運転手は間髪入れずに語りだす。

「私は鮎釣りをよくしてたんです。川に入って釣るやつ。そしたらその……やっぱり、流れて淵に着くんですね」

「鮎がですか？」

「いえ、人間が」

「あ、水死体ってことですか」

「そうですね、見たのは朝の二時くらいですね。朝方に河原へ行って車を停めて、朝の四時半くらい、薄明かりから竿《さお》を入れるんですよ。ですから河原に泊まらないとすぐに釣れないものなので、二時過ぎくらいに男二人で行って、ひとりは車の中で寝て、僕は寝れないもんですから焚《た》き火してて、そのときに横にお見えになりましたよ」

「横に？」

「ええ」

「死体がですか？」

「いえ、幽霊が」

「あ、幽霊が」

「やっぱり下はないですね、足が。顔もはっきり覚えてます。男の人でしたね。歳は五、六十くらい」

「へえ……」

「結局、水に足元をすくわれるんでしょうね。釣りをしてる人は竿を離さないですから、よけいそのまま流されて……はい」

「どんな感じで見えたんですか？　あ、ここで停めてください」

「ちょうどこういう感じですね、目の前の看板の」

「あ、明るさが、ですか」

「そうですね、火を焚いてましたので」

タクシーを降りると店の看板の明かりが夜の雑居ビルの入口を煌々《こうこう》と照らしていた。

香水の女

十五年前、警備会社に勤めていた伊藤さんはオフィス街にあるビルの改修工事に立ち会っていた。その日は工事が早く終わったので、退勤時間まで防災センターの休憩室でテレビを見ていた。

〝カチャ〟

ドアノブを回す音が聞こえた。伊藤さんはビルの責任者が入ってきたのかと思い、イスから立ち上がろうとするが、動けない。座ったまま金縛りの状態になってしまった。

伊藤さんの体はまったく動かないが、部屋の様子も動きがない。どういうことだろうと不思議に思っていると、ふと背後に気配を感じた。

誰かいる……。

次第に香水の匂いがしはじめた。

女？

後ろからゆっくりと何かが近づいてくる。視界に長い髪の毛が入り込む。女が自分の顔をのぞき込もうとしている。

〝カチャ〟

その瞬間、金縛りは解け、女の姿もなくなった。入ってきたのは防災センターのセンター長だった。


それから三年後、伊藤さんは別の職場に勤めていた。勤務後に先輩と飲んだ帰り、自転車を押しながら歩いて帰宅すると、友人からメールが届いた。

「彼女できた？」

身に覚えのない伊藤さんはメールを返すと、どうやら友人は自転車を押して歩いている伊藤さんを見かけ、声をかけようとしたが、自転車の横に女性が並んで歩いていたため、声をかけずにメールを送ったのだという。


それからさらに三年後。

その時期、伊藤さんは左耳の調子が悪く、何かがつまっている感じで聞こえにくくなっていた。

「明日は休日だから耳鼻科もやってないなあ」

自宅で座イスに座りながらそんなことを考えていると、いつの間にか眠りに落ちていた。

数時間経ち、ふと目を覚ますと、部屋の電気をつけっぱなしだったことに気づく。

「あぁ、電気消さなきゃ」

そう思って立ち上がろうとすると、突然視界に髪の毛がファサッと入り込んだ。

「あの時の女だ」

伊藤さんは瞬時に六年前の防災センターを思い出した。あの時と同じで、香水の匂いがして、体がまったく動かない。女は伊藤さんの左耳にフー、フーと息を吹きかけてきた。そのまま伊藤さんは意識を失うように眠りについた。

朝、目覚めると、左耳の違和感がなくなっていた。


いまでも家や職場で時折、フワッと香水の匂いが漂うことがある。

そのたびに「まだいるな」と思いながら仕事を続けている。

おじいちゃんが死にました

名古屋のライブバーKで僕が初めてイベントをする前日のことだ。

店主のイクヤさんが深夜三時ごろ、ひとりで店の片づけと翌日の準備をしているときだった。

客席のソファーの位置を変えたあと、ステージを掃除していると、何か嫌な予感がした。地震が起きる数秒前に感じるような「あ、なんか来る」という感覚だ。早く掃除を終わらせて帰りたいな、そう思っていたら、

〝ボン！〟

スピーカーから破裂音が鳴る。うわっ！　とびっくりしたその直後、

「おじいちゃんが死にました」

スピーカーから爆音で流れる声。

「おじいちゃんが死にました……おじいちゃんが死にました……」

怖い怖い怖い怖い！　ななななに？

スピーカーは店のパソコンとつながっていて、パソコンで再生した音がスピーカーから店内に流れる仕組みになっている。イクヤさんはパニックになりながらもステージからバーカウンターへ回り込み、音の発生源であるパソコンを見た。しかしパソコンは何も再生していない。その間も「おじいちゃんが死にました」は鳴り続けている。

ふとカウンターの上を見ると、その日一回も使っていないノートパソコンがなぜか起動していた。

〝どういうこと？〟

画面を見ると、デスクトップに見覚えのないおよそ一センチ四方の小さなウィンドウが現れて、何やら動いている。イクヤさんはそのウィンドウを即座に消し、ノートパソコンの電源もオフにした。と同時に、スピーカーからの声も消えた。

静寂のなか、イクヤさんはやり場のない恐怖に怒りが込み上げた。

「うっせぇんじゃコノヤロー！」

誰もいない店内で気がつけば大声で叫んでいた。すると、嫌な空気もなくなり、気持ちがすーっとした。

天井裏から

名古屋のライブバーKの店主イクヤさんは、店で占いイベントをすることになったので、ある占い師にオファーをして店まで来てもらった。しかしその占い師は店に来た途端、難色を示した。

「ここのトイレには入りませんので、イベントをやるにしても一時間以内に終わらせてください」

イクヤさんはなぜトイレに入れないのかが気になったので聞いてみた。

「言えません」

よけいに気になる。もう一度聞いてみた。

「トイレの上に嫌な思いがあります。なので絶対このトイレには行けません」

トイレの上にいったい何があるのか？

「それはご自身で確かめてください。あんなことしてたらダメですよ」

結局その占い師からは後日「やっぱり辞退させてください」と連絡があり、イベント自体がなくなった。

イクヤさんは心当たりがないか、前の店主に電話で聞いてみた。

「もしかしたらあれかな、人形のことかな」

イクヤさんが店主になる前、四肢が取り外し可能な大型の人形が店にあった。しかし置き場所に困り、前の店主がトイレの天井裏にバラバラにして隠していたという。

その話を聞いたイクヤさんはひとりで取り出すのは気持ち悪いので、今度、前の店主が店に来たらやってもらおうと思って放置した。

ある日、クーラーを替えることになって業者を呼んだら、クーラーのパイプをトイレからつなぐと言って、作業員がトイレに入っていった。

「うわぁ！」

トイレから叫び声が聞こえる。

「ここに顔があるんですけど」

作業員はトイレの天井のふたを開けていた。そこには——

「痛い痛い痛い痛い痛い」

店でイクヤさんの話を僕と一緒に聞いていた霊感の強い常連客の女性が、突然首を押さえだした。

「待って待って、ちょっと本当に痛いんだけど」

イクヤさんが話を中断する。

「俺らなんもできんからめっちゃ怖いんだけど」

何もできない僕とイクヤさんほか男たちは、痛がる女性を前に何もできず、ただ無力だった。女性はいったん店の外に出ることにした。

「あそこまで痛がるのは珍しいな……」

結局、トイレの天井には何があったのか、イクヤさんに話の続きを聞いた。

「そこには、ほこりで汚れた首だけの人形がちょうど顔をのぞかせていた、ってだけなんですけどね」

そのあと人形を天井裏から取り出し、元の持ち主に返したため、いまは店には人形はない。

イクヤさんが話し終えると、女性が店に戻ってきた。店を出て少しすると首の痛みは治ったようだ。どんな痛みだったのかを聞くと、寝違えたときに無理矢理向いてはいけない方向に首を曲げたときぐらいの痛さが突然襲ってきたという。

気づき

　恵さんはエレベーターに乗っているときに、自分が降りる階とは別の階のボタンが勝手にパッと光って、その階で扉が開くと誰もいない、ということがよくある。

「途中の階から乗る人が外からボタンを押したけど、やっぱり階段で下りたのかな？って思ってたんだけど」

　友達に言うと、意外な答えが返ってきた。

「外からボタンを押しても中のボタンは光らないよ」

　一瞬、何を言われているのかわからなかった。

「だから、エレベーターの中から階数ボタン押したら光るけど、外から乗る人が上か下のボタンを押しても、中のボタンは光らないの」

　たとえば十階から乗って一階まで下りる途中で、四階で待っている人が外からボタンを押したとする。その場合、エレベーターは四階で止まって扉が開くが、エレベーターの内側の「4」の階数ボタンが光ることはない。

しかし恵さんは、いままでどのエレベーターに乗っても内側の階数ボタンが勝手に光って、その階で扉が開くのが当たり前だった。扉が開いても毎回、誰もいないことは不思議だったが。

「それさ、中から押してるんじゃない？」

誰が？

恵さんがエレベーターの仕組みに気づいてから、中のボタンが光ることはなくなった。

寝ゲロ

まさやさんは泥酔して帰った日の晩、寝ながら嘔吐《おうと》してしまった。

「あ、出る」

そうなったときにはもう間に合わなかった。

〝おろろろろろろ〟

その場でぶちまけてしまった。

四人くらい周りに立っているのが見えた。

「ごめんごめんごめん」

〝おろろろろろろ〟

ずっと背中もさすってもらっている。

「ごめんごめん……」

そのまま寝てしまった。

目が覚めたときには誰もいなかった。あ、夢かと思った。吐いたのも夢だろうなと思って起き上がろうとした。

〃ベチャァ〃

吐瀉物《としゃぶつ》と一緒に布団で寝ていた。

夢じゃなかったのか。

家に来る人は決まっていたから、思い当たる飲み仲間に連絡した。

「昨日飲み屋のあと連れて帰ってきてくれた?」

全員に「行ってない行ってない」と言われた。

回る女

ドラァグクイーンのアンジェリカさんが以前住んでいたマンションには、エレベーターの中が映し出されるモニターが設置されていた。

ある日、一階からエレベーターに乗ろうとしたら、エレベーターが十階で止まっていた。なんで下りてこないのかと、扉の右上のモニターに目をやると、画面には扉が開いたままの状態で、紙袋を持った中年女性が映っていた。

「何してんの、早く下りてきてよ」

女性は下を向いて何かを探しているかのようにエレベーターの中をうろうろしながらぐるぐる回っている。

「本当に何してんの……」

女性はぐるぐる回り続けており、いっこうに下りてくる気配がない。

しびれを切らしたアンジェリカさんは、友人に話すネタにしてやろうと、スマホの録画ボタンを押してカメラをモニターに向けた。

するとその瞬間、女が消えた。

扉は閉まり、誰も乗っていないエレベーターが下りてくる。

アンジェリカさんは気味が悪くなり、マンションの反対側にあるもうひとつのエレベーターから自宅へ帰った。

いま思えば、なぜ女がぐるぐる回っている間に扉が閉まらなかったのかも謎である。

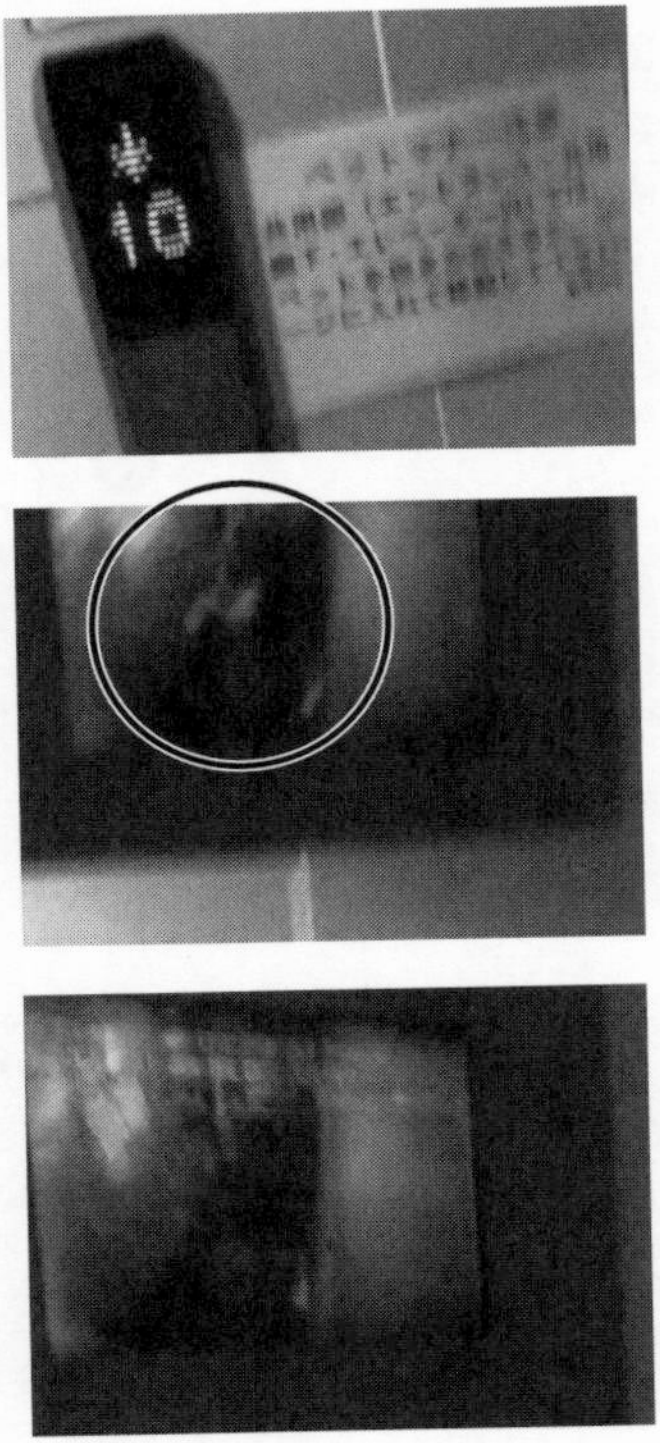

10階で止まったエレベーター（上）
モニターに一瞬だけ映った女（中）
スマホで撮影すると女はすぐに消えた（下）

回るマドラー

広島に住む佳子さんは数年前、二階建ての古い一軒家を借りてひとり暮らしを始めた。

トイレで女性が体調不良で倒れて亡くなった物件で、家賃が二万円という破格の安さだった。内見のとき、二階がどうしても使いたくないくらいどんよりとした空気だったが、家賃の安さと駅から徒歩一分という抜群の立地条件で入居を決めた。

住みはじめてすぐ、二階を誰かが歩いている足音がした。亡くなった女性が歩いているると考えるより先に、かなりボロボロの家なので、変な人がどこかから侵入してきたのではないかと思って見にいったが、誰もいなかった。

ある日の夜、二階に続く階段の手前にある襖を半分開けたまま部屋にいた。二階では足音がしているだけなので、別に放っておいてもいいかなと思ってそのままにしていたのだが、その日は足音が階段を下りてきた。

さすがに下りてこられると怖いな、これ、姿を見たら住めなくなるぞと思った。

〝ギシ、ギシ、ギシ……〟

もう襖の手前まで下りてきている気配がしたので、

「あの、怖いんでやめてください！」

佳子さんは大きな声で言った。

〝ギシ……………ギシ、ギシ、ギシ……〟

足音がピタッと止まったあと、二階へ戻っていった。

それっきり、足音はするけど二度と下りてこようとはしなくなって、少しだけいい人かもしれないと思った。

足音とは別に、一階でも変な人が現れた。

ある夏の昼間、一階の窓を開けていたら、窓の外のすぐ下を紺色の作業着を着た男の人がスーっと歩いていくのが見えた。その先は大きな用水路で、フェンスがあるため行き止まりのはず。気になったので外に出て追いかけてみても姿は見当たらない。

それ以来、住んでいる間、頻繁にその男の人を見た。しかし一回も顔を見たことがない。窓の外を通り過ぎたあとは刈り上げた短髪の後頭部しか見えない。これが一年以上続いた。

この家に住んでいる間、アルバイト先でも奇妙な現象は起きた。

佳子さんが働いていたのはカウンタータイプのスナックだったが、客のなかにはカウンターを乗り越えてスタッフに触ろうとする酔っ払いもいて困っていた。しかしあの家に住み出してから、迷惑な客が自分に触れようとしたら、目の前にある水割り用の氷を入れた器に刺さっているマドラーが、勝手にぐるぐる回り出すようになった。最初は氷が溶けて勝手に回ったのかなと思っていたが、ぐるぐるとしばらく回ってピタ、と止まったあと、今度は逆回転にぐるぐる回り出した。

悪酔いをした客はみんなそれを見て顔が真っ白になり、トイレに駆け込んで三十分ほど出てこなくなる。決まって嘔吐したり、うずくまって動けなくなったりしていた。

自称、霊が見えるホストの客が来たときには変なことを言われた。

「ここ、おじさんの霊がいるけどいい人じゃないよ、だから早くやめたほうがいいよ」

佳子さんにとってはなぜか迷惑な客から自分を守ってくれるので、いいおじさんじゃないのかなと思った。

物件はもう退去してしまったが、そのあとすぐに誰かが借りて、すぐに出ていったそうだ。

ようかい体操

新潟のイベンターである斎藤さんが僕が新潟に行くたびに地元の怪奇スポットを案内してくれる。

その日は斎藤さんが以前アルバイトをしていたカラオケ屋がつぶれたあとにできたホームセンターに連れていってくれた。まだカラオケ屋だったころ、彼はここで奇妙な体験をしている。

一階建ての広いフロアの角の部屋、厨房に隣接した一二五号室はパーティールームになっており、土日の昼には子連れママのカルチャースクールとして使われることが多かった。しかしある時から扉に「子供は入れないでください」という貼り紙を見かけるようになった。どうも一二五号室に子供を入れると泣きやまないみたいだ。

平日の昼間、お客さんもまばらな時間帯に各部屋の見回りをしていると、誰もいないはずの一二五号室から音が聞こえる。斎藤さんが中に入ると、室内では「ようかい体操第一」が大音量で流れていた。前のグループが予約を入れっぱなしにして帰っていったのかなと思ったが、その日はオープンしてからまだ一二五号室は誰も使っていない。

いったいいつから流れているんだろうとデンモクの履歴をさかのぼると、「ようかい体操第一」だけが百三十曲連続で入っていた。「ようかい体操第一」は約四分なので百三十曲で計算すると八時間以上も前からずっと流れていたことになる。

このカラオケ屋では厨房にも何者かが現れる。厨房でポテトをしこんでいたらトタン床を歩くような音が近づいてくるという。しかし顔を上げると誰もいない。そんなことが頻繁に起きた。

現在、ホームセンターになったカラオケ屋は、外壁はそのままで色だけが塗り替えられている。店内は個室をすべてつぶして開放感のある広々としたスペースに改装されているのだが、ある一角だけ不自然に壁があり、内側からは入れないようになっている。そのスペースは店外からしか入れないトイレと倉庫で、その位置はまさに以前のカラオケ屋の一二五号室と厨房があった場所だ。

ホームセンターになってからも何かあったのだろうか。

いたずら

その日、新潟のイベンターである斎藤さんが連れていってくれたのは、新潟市内にあるリサイクルショップだった。そこは以前、焼肉チェーン店だった建物で、斎藤さんがアルバイトをしていた場所だ。

いまから十年と少し前、彼が十八歳のころの話だ。

発端は男子トイレだった。二つある個室のうちの片方が、誰も使っていないのに頻繁に使用中になる。

ある日の閉店後、斎藤さんはトイレ掃除に向かうと片方の個室が使用中になっていた。店内に客はいないはず。

「またかよ」

そう言いながら舌打ちするものの、今回はいつもと様子が違う。ドアの下のすき間から足が見えているのだ。誰かが入っている。子供の足だ。

「おーい、君、大丈夫かー」

声をかけるものの返事はない。もしかしたら中で意識を失っているのかもしれない。それにしてもこの子の親はどこにいる？　いや、その前にまず助け出さなくては。すぐに事務所に戻り、鍵を壊すためのバールを持って再びトイレに向かう。すると閉まっていたはずのドアが開いていて、中には誰もいなかった。

この店にはトイレがこの場所にしかないため、従業員も客と同じトイレを使わなければならない。斎藤さんはいつも使用中にならないほうの個室トイレを使うようにしていたが、子供の足を見て以降、トイレに入ると隣の個室から壁をドンドンされるようになった。

「まーだぁ？」

そのあと子供の声で呼びかけられるまでがセットである。

斎藤さんは遅番勤務で、店長とパートの大林さん、自営業をしながらアルバイトしている江波さんのほぼ四人で店を回していた。

江波さんは仕事の都合でよく遅れるため、出勤前に事務所に電話がかかってくる。

その日はパートの大林さんが江波さんからの電話に応対していた。

「はいはい、江波さん今日も遅れるのね、了解です」

すると江波さんが通常通りに出勤してきた。

大林さんは受話器を持ちながら目の前にいる江波さんを見て困惑する。いま電話の向こうでしゃべっている江波さんは誰？　いつの間にか店の電話は切れていた。

江波さんに電話しながら店に来たかを聞くと、電話はしていないと言う。しかし事務所の電話の液晶画面に表示されている番号は江波さんのものである。

目の前でその様子を見ていた斎藤さんは事務所の電話から江波さんへリダイヤルを試みた。

「おかけになった電話番号は現在使われておりません」

つながらない。

今度は斎藤さんの携帯電話から江波さんにかけてみる。それは普通につながった。


遅番のメンバーは閉店後に店でまかないを食べることがよくあった。

ある日、まかないを食べようとしたら突然店内の蛍光灯がストロボライトのようにピカピカピカと点滅をくり返した。店長が予備の蛍光灯につけ替えたが、それでも点滅はやまなかった。

「幽霊なんかいない！」

気が動転した店長は店内の隅々にファブリーズを執拗に吹きかけ、斎藤さんたちを先に退勤させた。

次の日、店長は店に来なかった。中番のアルバイトに話を聞くと、店長は昨夜店を出たあと車で事故を起こしたという。赤信号の交差点で止まっていたはずが、いつの間にか車を発進させ、気がついたときには車の左半分がなくなっていたそうだ。

奇跡的に大ケガにならずに済んだ店長だったが、その後、一二〇キロあった体重がみるみるうちに減りやせていった。

斎藤さんはそれから少しして店をやめたので、いま店長がどうなったのかはわからないです、とリサイクルショップになったかつてのアルバイト先を眺めながら語ってくれた。

必ず死ぬ家

本多さんが教えてくれた物件は、いままで僕が聞いた話のなかで最も住人が連続で亡くなっている。

それは本多さんの地元である新潟県のとある地域にある平屋の一軒家だ。

まずはじめは三十代くらいの夫婦と保育園児の娘が住んでいた。しかし、通学途中に娘がバスに轢かれて亡くなってしまう。その事故により気を病んでしまった妻がノイローゼになり、離婚して家を出ていってしまう。残された夫はその後もひとりで住み続けるが、しばらくして浴槽で亡くなっているところを発見される。死因は不明だ。

次に住んだのは三十代後半の男性。彼は関東から新潟へ引っ越してきた。交際していた女性と一緒にいるところを近所の住人はよく見かけたが、ある時期からぱったりと女性が来なくなる。その後しばらくして浴槽で、男性が心肺停止の状態で見つかる。

その次に住んだのは六十代くらいの男性。彼も関東から引っ越してきた。近所づき合いもよかったが突然見かけなくなり、こたつで亡くなっているのが見つかる。

最後に住んだのは五十代くらいの男性。新潟県内のどこかから引っ越してきた。彼も近所づき合いがあったが、「最近眠れない」とよくこぼしていたらしい。

「夜、目が覚めると足元に女の子が立っている」

そんな話をしたあとに具合を悪くして入院し、数週間後に亡くなっている。

その後、物件内覧のために祖母とその孫らしき子供が来たが、玄関前で孫が「中に入りたくない」と泣き叫んだ。それが原因かはわからないが、結局、住むことはなかった。

僕が物件を見にいったときは入居者募集中であったが、二〇二三年の秋にはもう募集の看板は取り外され、内装工事が始まっていた。

跨《また》ぐ家

Sさんは十歳のときに田舎の山間部の一軒家に引っ越してきた。家は新築で、山側にある集落とは少し離れた場所に建てられた。一階に祖父母が住み、Sさんは両親と妹と二階に住んだ。周りを見渡すと山と畑しかないような土地だ。

新生活を始めてすぐ、庭に花を植えようと家族で庭づくりをした。土を掘り返すと、とんでもなく大きな石がゴロゴロ出てきた。

ある日の夜、寝ていると自分の上を人が跨いでいくのが見えた。ひとりではなく、山の方角からたくさんの人が跨いでいく。最初は夢かと思ったが、妹も母親も同じように夜、人が跨いでいくと言いだしたので、夢ではないんだなと思うようになった。

また別の日の夜、自室のベッドで横になっていると、部屋の入口に女の子が立っていることに気づく。自分より年下の女の子だ。

Sさんはびっくりするよりも先に、つい声をかけてしまった。

「何やってるの？　こっちおいでよ」

するとと女の子はするりと部屋に入ってきた。

〝私、なんで声をかけちゃったんだろう……〟

自分が招き入れたものの、どうやってコミュニケーションを取ればいいかもわからない。Sさんは女の子が視界に入らないように目をつむり、そのまま眠りについた。

朝になると女の子の姿はなかった。

高校生になると、窓の外から名前を呼ばれるようになった。絶対に返事をしてはいけないと思って、気づかないふりをして勉強を続けた。

とにかく山と畑しかない窓の外の世界に畏《おそ》れを感じた。

妹は自室の窓を黒い布でおおっていた。窓から見知らぬ人の顔がのぞいてくるから、見えないようにするためだった。


数年前、土砂災害が起きた。実家は無事だったが、一〇〇ヶ所ほど地滑りして、地域の被害は甚大だった。どうも昔から土砂災害が多い土地のようだった。災害が起きるたびにたくさんの人が亡くなっていた。そう考えると、庭のゴロゴロした大きな石は、流された土砂によって運ばれたものだろう。

夜中に山のほうから跨いでいくのは、流された人たちだろうか。

そういえば家の周りに由緒が不明の社もたくさんあった。神主もいない。舞台のようなスペースもあったが、昔は避難所として使ったりしていたのだろうか。

最近、母親から電話があった。実家のすぐ裏に神社があったらしい。近所の人は誰も認識してないし、Sさんもまったく知らなかった。

母親が言うには、先日、神職の人が来て「閉じる」祭事をやったそうだ。何の神様かはわからない。

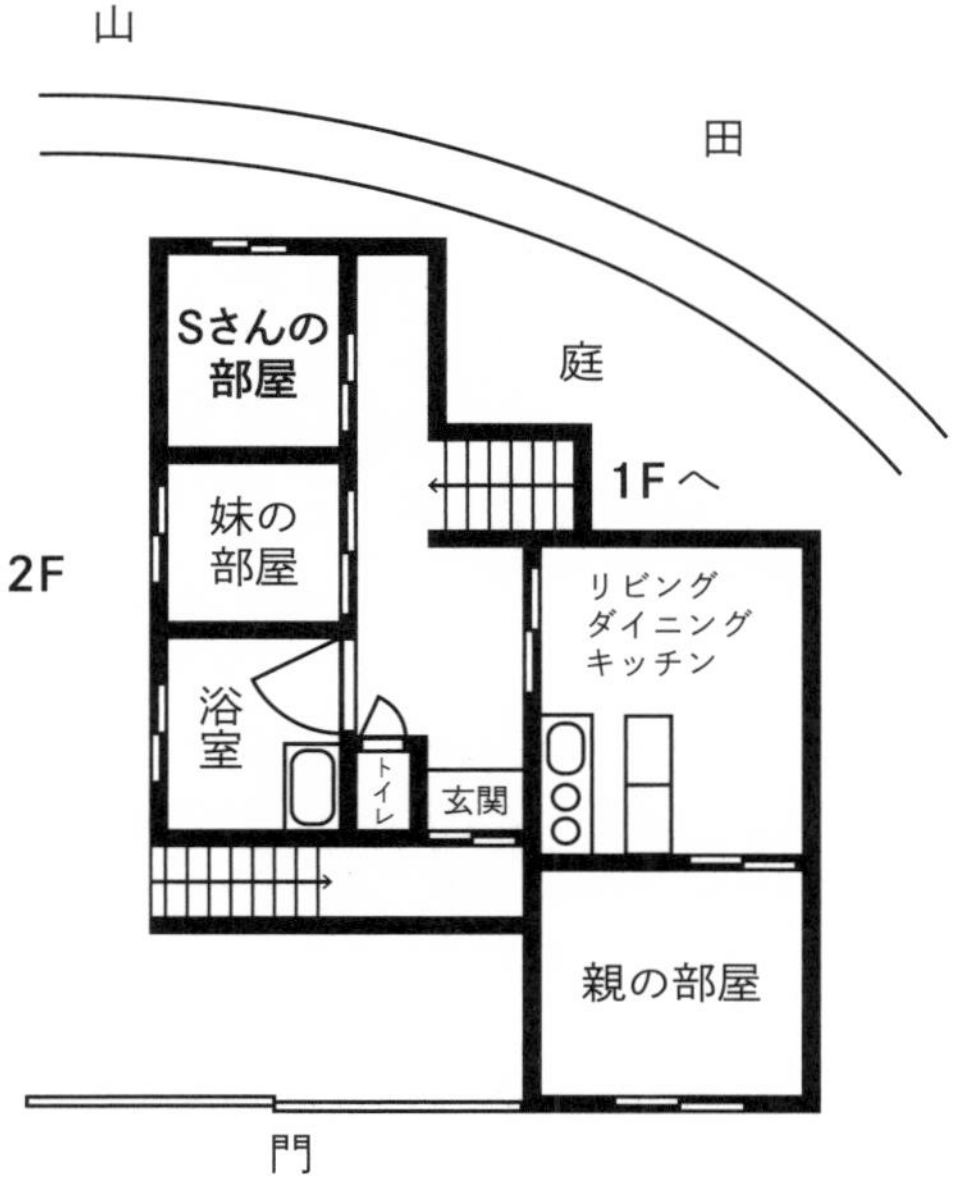
山
田
庭
Sさんの
部屋
1Fへ
妹の
部屋
2F
リビング
ダイニング
キッチン
浴室
トイレ
玄関
親の部屋
門

トラブルの家

Yさんは築七十年の祖父の家に住むことになった。

祖父の家は、建てられてすぐに子供二人が亡くなった。七歳と十三歳だった。

Yさんの伯父にあたる親戚だ。どうやって亡くなったのか詳しくは聞いていないが、家を建てた当初から祖父の家には不幸が続き、地元の占い師にも「あの家はよくない」と言われていた。

しかし祖父は家を替えることをしなかった。

「自分が死んだら家は住まずに人に貸しなさい」

家族には常々そう言っていた。

祖父の言う通り、祖父が亡くなってからは近くに新しい家を建て、祖父の家は他人に貸した。

家に住んだのは、みんな変な人ばかりだった。

宗教の勧誘をしつこくする人だったり、白アリだらけにされたり、一年間家賃を払わない人だったり。

家を貸すと必ず何かしらのトラブルを起こされてしまうので、もう誰にも貸さないことにした。

そこでYさんが住むことになったのだ。

住みはじめてわかったことは、ご近所トラブルが絶えないことだった。

やはりこの家は何かあるのかと思い、風水に詳しい人に相談すると、玄関が鬼門の方角にあることがわかった。それならば、と方位除けで地元で有名な神社へ行き、五千円を払ってご祈禱してもらった。

効果はてきめんだった。

まず祈禱を受けた三ヶ月後、常に騒がしい迷惑な近所の住人が運転中に事故に遭い、亡くなった。

また、春から夏にかけて家の周りで一日中キャンキャン騒音を撒き散らしながら草刈りをしているおじさんが、次のシーズンには来なくなった。近所の人に聞くと、病気で動けなくなったそうだった。

さらに、近所の道行く人にわざわざYさんの家の悪口を言っているおじさんがいて、いつもその声が聞こえていたのだが、

「あの人、マムシに食われて死んだらええのに」

Yさんが母にそう言うと、一週間後にそのおじさんはマムシに嚙まれて亡くなった。

方位除けのご祈禱をして一年以内に、Yさんの周りからうるさいと思った人はいなくなり、静かになった。

お札の町

二〇一六年の終わりごろ、Dさんの父が突然、家族に宣言した。

「田舎に引っ越すぞ」

地方の生活を紹介するテレビ番組に感化された父は、田舎には楽園があるという幻想を抱いてしまい、その衝動を抑えられなかった。

もちろん家族は大反対した。しかしその数ヶ月後——。

「あ、この家もう売ったから」

父は家族に何も言わずに、当時住んでいた家を売却してしまった。それによってDさん一家は強制的に田舎へ引っ越さなければならなくなった。父の身勝手な行動にがく然とした母は離婚寸前にまでなったが、結局、昔から変わらない父の傲慢さに押し切られる形で引っ越しを渋々受け入れた。

引っ越し先は四国の山奥にあるN町で、家は築何年かもわからない古い一軒家だった。

その家にはおじいさんがひとりで暮らしていたが、家の裏で農作業中に落石事故に遭い、入院してしまう。そこで、誰も住まなくなった家を譲ってもらえないかと、Dさんの父がおじいさんの家族に交渉した。おじいさんの家族もこんな辺鄙な山奥にある家は早く手放したいと思っており、どうしても田舎に住みたいDさんの父の思惑と合致した。

しかし、家に愛着がある入院中のおじいさんは、断固として反対した。

「自分の目が黒いうちは、誰がなんと言おうと手放さない」

その一点張りだった。

だが、おじいさんは入院してから徐々に認知症の症状が現れるようになってしまう。

結局、持ち主であるおじいさんの思いは無視される形で、Dさんの父が買い取った。

父は引っ越しが決まってからも、毎日、家でゴロゴロしながらテレビを見てヘラヘラ笑っているだけで何もしなかった。しかたないのでDさんと母が二人で引っ越しの準備をすることになるのだが、無理がたたってDさんは右足の筋肉を断裂させてしまった。

引っ越し当日、古い家屋の二階がDさんの部屋になり、足をかばいながら自室へ荷物を運んでいると、

「あぁーーー……うぁーーー……」

老婆のうめき声のようなものが耳元に聞こえた。

翌日、母が倒れた。山のふもとの病院へ行き、一週間ほど激しい嘔吐に苦しんでいた。

それから間もなく、ご近所さんが亡くなった。高齢ではあったが、町内ではここ数年立て続けに町民が病気になったり交通事故に遭ったりしていたので、町全体が不穏な空気に包まれていた。

続けて、町民ではないが父の友人が亡くなり、また別のご近所さんが倒れて入院した。これらはDさんがN町に引っ越してきて一ヶ月以内の出来事だった。

Dさんの部屋では、日が経つにつれ老婆の声がはっきりと聞こえるようになってきた。さらには部屋の電気が勝手に常夜灯に切り替わったり、テレビの電源がついたり消えたり物理的な現象も起きだした。そのあたりからDさんは嘔吐と腰痛をくり返すようになり、病院で点滴を打つほど体調が崩れていく。その病院では白い影を見た。

それから数ヶ月後、近所の人が当たり屋に遭い、交通事故を起こしてしまう。

「さすがにここまでくるとおかしい」

そういう結論になり、ついに町内の各家庭にお札が支給されることになった。どこの神社のお札なのかはわからなかったが、みんな同じものを配られた。

それ以来、なぜかN町全体の不思議な不幸が少しずつ治まっていった。


だが、Dさんの家に起こる不可解な現象は相変わらず続いていた。

ある冬の日、トイレのドアが壊れ、Dさんは中に閉じ込められてしまう。なんとか外に出ようと小窓からの脱出を試みるものの、無理な態勢でバランスを崩し、また足にケガを負う。

ちょうどその時期から家中のドアが壊れ、家電が壊れ、注文した通販の商品がすべて不良品で届くようになった。二階の自室では老婆のうめき声のほかにヒソヒソと話す声も聞こえだし、家でひとりでいるときに誰もいない一階からドタドタと足音が聞こえるようにもなった。

きわめつけは一階のキッチンルームでひとりで食事をしていたときだ。

「おーーーい！　おーーーい！」

食器乾燥機からおじいさんの叫び声が聞こえてくる。食器乾燥機に近づくと声がやみ、食卓に戻るとまた叫び声が聞こえる、そのくり返し。

どうやら食器乾燥機の上から声がしているようだった。そこは支給された例のお札を母が貼った場所だ。

それから数日後、顔を洗いに洗面台へ行くと、風呂場のガラス戸の向こう側に白い影がスッと通り過ぎていくのが見えた。風呂場の壁の反対側にはキッチンがあり、ちょうど食器乾燥機がある位置だ。

このことを母に言うと、食器乾燥機の上にある神棚が原因ではないかと言った。母は神棚の下にお札を貼っていたのだ。神棚は前住人のおじいさんのころのままで何も手入れされていなかった。神棚をきれいにしてからは叫び声はしなくなった。

田舎に引っ越してから、さまざまな不思議な現象が続いたが、それよりもDさんが辛かったのは人間関係である。

父は田舎で農業をするつもりだったので、Dさんもはじめはそれを手伝う予定だったが、N町には田舎特有の決まりごとがあった。それは自分の敷地であろうと勝手に畑を耕してはならず、いったん地元の商店を通して高い整地料を支払い、業者に整地してもらわないといけないという謎ルールであった。

なかには独自で整地して米を栽培している家もあったが、その家は村八分のような扱いを受けていた。

業者に整地を依頼すると大赤字になってしまうため、結局、農業をするわけにもいかず、それを受け入れられない父は次第にDさんや母にきつく当たるようになっていった。毎日ささいな理由で怒鳴り散らされ、Dさんは精神を病んでいった。

コップを持つことも、靴ひもを結ぶこともできなくなったDさんは病院へ行き、うつ病と診断された。病院の先生には「いますぐにでも生活環境を変えなさい」と言われたので、家を出てひとり暮らしをはじめ、そのタイミングで地元で有名な神社でお祓いもしてもらった。

お祓い中、Dさんの後方左上あたりから女の人のヒソヒソ声がする。ふり返っても誰もいない。お祓いが終わるとヒソヒソ声も止まった。

現在、両親はまだN町に住んでいる。いまだに母の新車が半年間に三回も同じ箇所を傷つけられるなど、相変わらず家の不可解な現象は治まってはいない。

Dさんは、もう二度とN町には戻らない。

収納
神棚とお札
冷
キッチン
浴室
和室
リビング
リビング
洗
玄関
収納
トイレ
和室
和室
玄関
収納
収納
玄関
収納
収納

祭り

Iさんは地元の祭りが苦手である。結婚した同級生たちも「家を買うなら祭りに参加しなくていい地域を選ばないとね」と言う。

しかし地元の男性たちはみんな祭りが好きだ。

おばさんやおばあさんたちも祭りを肯定する。

その祭りでは神様の仕事として各地区で選ばれた四人の小学生男子が神輿《みこし》のような屋台の上に乗るのだが、祭りの日は決して地面に足をつけてはいけないそうだ。京都祇園《ぎおん》祭の「お稚児《ちご》さん」に近いかもしれない。

屋台に乗る男の子の家庭は、地面に足をつけないように肩車してくれる人や屋台をかつぐ人たちにお酒やご飯をふるまわなければならないし、衣装もお金をかけなければいけないので経済的にも精神的にも大変である。

また、祭りの最中にケガをすることはタブーとされている。ケガをしても「ケガをした」と言ってはいけないのだ。

一度、Iさんのいとこが杓子で水を配る役で祭りに参加したが、重たいリアカーに足を轢かれてケガをしてしまった。それを知った伯父さんは「末代までの恥だ」と、いとこを叱りつけていた。

祭りでは各地区の屋台が町の中心にある神社に集まる。それぞれの地区でどれだけ屋台が豪華であるか、威勢がいいかを毎年競う。だから毎年ケンカが絶えず、唐揚げの油をまいているおじさんがいたときもあった。

Iさんは祖母に「本当は祭りが嫌じゃないの?」と聞いたことがあった。

「なんでそんなこと聞くの。明るい町やで」

それ以上は何も答えてくれなかった。

娯楽

愛媛県松山市で怪談会をしたとき、観客からも話を募った。

そのときに登壇した七十代の女性は、自分の祖母の話をしてくれた。

「おばあちゃんが子供のころは田舎の村で何も楽しいことがなかったそうです。ある日、村の誰かが自殺したと聞いて、お母さんと手をつないで見にいきました。そしたら村中の人が集まっていて、みんなで死体を見ながら怖いね、怖いねと騒いでいました。なんだかお祭りみたいだなあと、おばあちゃんは思ったそうです」

日常

とある神社の月次祭に参加した。その神社はとても小さく、知る人ぞ知る場所だった。

神事はいつも少人数の関係者のみで行われる。御神体の前で宮司が祝詞を唱えたあと、社務所に入り、おにぎりとみそ汁がふるまわれるのがいつもの流れだ。

「はあ、なんかしんどいわ」

宮司の奥さんがため息をこぼす。

「奥さん、それ呪いちゃいます?」

手伝いで参加している神職が言う。

「あ、そうかもしれへん。そういえば先月〇〇さんの様子おかしかったしねえ。よかったわ、気づけて」

奥さんは急に元気を取り戻した。どういうことなのか気になったので聞いてみた。

「あの、何で急に治ったんですか？」

「ああ、呪いなんてね、飛ばしてる相手がわかった時点でもう大丈夫やの。気づいてしまえば飛ばしてる相手に三倍になって返っていくから。いまごろ◯◯さん苦しんではるわ」

ご飯のあとは、お茶を飲みながら談笑する。陰陽師しかいない村からやってきたという男性から話を聞く。

「うちは子供が四人いましてね、それぞれ一個ずつ力を継いでるんですよ。長男は見えて、次男は聞こえて、長女は感じて、三男は飛ばせて。私もいままで随分と無理しちゃいましてね、左目が何も見えなくなってしまったんで、子供らには早く一人前になってもらいたいですね」

宮司に最近の悩みを聞く。

「こないだの大雨の夜、ここで寝てましたらね、雨音に混じってパンパン聞こえるわけですよ、拍手《かしわで》が。なんか怪しいなぁと思っとったんですけどね、翌朝社務所の外見たら、やっぱり埋められてましたな、人形《ひとがた》の紙が。最近多いんですよ、神社を乗っ取ろうとする輩が」

ここの日常はいつ来ても刺激的である。

A4の紙

事故物件に住んでから、いろんなことが起きるようになった。スマホで顔認識しなくなったり、神社に入ろうとしたら突風が吹いたり、カメラが壊れたり、自分では普通にしゃべっているつもりでも、聞いている側はずっとえずいているように聞こえていたり、自分に向かって木が倒れてきたり。

そんなことありえないだろうと思っていたことが、普通にありえるんだと思うようになってしまった。

先日、京都の天津神社へさっちゃんと呼ばれる巫女に会いにいった。

本殿に入ってすぐ、外は雷雨になっていた。ひとしきり話し終え、本殿を出るとちょうど雨がやんでいた。

良いことも悪いことも、それくらいのタイミングはよくあることだ。

しかし、あたり一面にA4サイズのコピー用紙が無数に散らばっているのはさすがに意味がわからない。

どこから降ってきたのか、紙は木や屋根にも引っかかっており、それなのに神社の敷地外には一枚も落ちていなかった。

「まあ、白いから大丈夫でしょう」

後ろでさっちゃんがつぶやいた。

楽しんでいただけましたか？

二〇二二年九月、稲川淳二さんの怪談ナイト三十周年公演を観に横浜の関内ホールへ行った。七十五歳を過ぎた稲川さんの話芸はまるで故郷のようで、いつまでも浸っていたい不思議な空間だった。それでいて披露した新作怪談は圧巻で、三十年目にしてアップデートし続ける稲川怪談に興奮した。ファンを大切にする稲川さんは「ありがとうね」と言いながら手をふり、いつものように袖に全然はけていかなかった。

公演が終わり、余韻に浸りながら夕方の関内駅のホームに立っていた。

「二番線に大宮行きが参ります、危ないですから黄色い線の内側までお下がりくださ い……楽しんでいただけましたか？」

ホームにいた全員が「え？」と顔を上げた。

聞こえていたのは僕だけではない。間違いなく、駅のアナウンスに「楽しんでいただけましたか？」が入り込んでいた。

与謝野晶子《よさのあきこ》

二〇〇〇年代前半、携帯電話といえばスマートフォンではなく「ガラケー」と呼ばれる折りたたみ式のパカパカケータイが全盛だった。

そのころ四谷に住んでいた慈美《めぐみ》さんは彼氏と友人と三人で夜中まで飲んだあと、酔いに任せて新宿通りから靖国通りへ向かってあてもなくゲラゲラ笑いながら歩いていた。

記憶では午前二時半ぐらい、三人のうちの誰かの携帯電話の着信音が鳴った。

当時のガラケーはそれぞれ好きな着信メロディーを設定できたので、誰も自分の携帯が鳴っているとは思わなかった。しかし着信音は延々と鳴りやまない。さすがに慈美さんがしびれを切らした。

「ねぇ、誰かケータイ鳴ってるよ」

「いや、俺のケータイじゃねえし」

「俺のも鳴ってないよ」

「慈美のじゃないの？」

「あたしこんな着メロじゃないし」

「でもずっと鳴ってんじゃん。一回見てみろって」

慈美さんはカバンの中に入れていた携帯電話を取り出した。着信音は自分のケータイから鳴っていた。

「やっぱり慈美のじゃねえかよ」

彼氏にそう言われたが、設定した覚えのない着信メロディーには違和感しかなかった。

鳴りやまない着信音。

ケータイのサブスクリーン画面には080から始まる番号が表示されている。知り合いからの着信ならサブスクリーンには登録された名前が表示されるはずだ。

「誰だろこれ。しつこいんだけど」

「でもこんなに長く夜中にかけてくるってことは絶対、重要なことじゃない？　出なよ」

慈美さんは折りたたまれたガラケーを開いた。内側の液晶画面には「与謝野」という文字が表示されていた。

「何か全然知らない人の名前が出てるんだけど」

慈美さんは恐る恐る電話に出た。

「もしもし……」

何も聞こえない。出た瞬間、電話は切れていた。

いたずら電話？　ていうか与謝野って誰？

慈美さんは連絡先リストを見てみたが、やはり与謝野という名前の知り合いはいない。登録していない名前が液晶画面に表示されるのも変だ。かけ直してみようかと着信履歴を確認すると、そもそも着信自体が記録されていなかった。

「あの着信、なんだったんだろうね」

慈美さんは新宿二丁目の行きつけのバーで、その日の出来事をママに話した。

「あれ、与謝野晶子ってその辺に住んでなかったっけ？」

靖国神社を北へ十分ほど歩いた場所に、与謝野鉄幹《てっかん》・晶子旧居跡がある。

与謝野鉄幹・晶子旧居跡

空《くう》也《や》と一《いっ》遍《ぺん》

ロックバンド「人間椅子」の和嶋慎司《わじましんじ》さんとラジオで対談した帰り、大阪梅田の古書店で二人立ち止まる。

空也上人絵巻、四万四千円。

「僕ね、空也上人好きなんですよ」

ちょっと入ってみましょうかと店に入ると、本棚には有名な僧侶の名前がギッシリ並んでいて、そのなかで一遍の名前を見つけた。

「そういえばこの前、別府にある一遍さんの寺に行きました」

そう言うと和嶋さんは、

「僕ね、一遍上人《しょうにん》のこと卒論で書いたんですよ」

一遍の話で盛り上がる。

しばらく物色したあと店を出ると、店前のショーウィンドウの空也上人を見て和嶋さんが言う。

「さっきの話なんだけど、実は卒論に書いたのって空也上人と一遍上人についてなんだよね。やっぱり一遍上人の本買ってこようかな」

再び店に入る和嶋さん。しかし一遍の本はどこにもない。二人で一遍の本を見たから卒論の話になったはずなのだが、一遍の本が数分で姿を消したのだ。

店番に聞くと、「一遍の本は確か……」と、全然違う棚から全然違う七千円の一遍の本を出してきた。二人、首を傾げながら店を出た。

翌朝、和嶋さんから連絡があった。ホテルをチェックアウトして近くで一服していると、現金が入った封筒が落ちていたので警察に届けたという報告だった。中には五万一千円入っており、落とし主が現れなかった場合、現金は発見者の和嶋さんのものになる。

「そうなったら空也上人の絵巻と一遍上人の本を買おうと思います。四万四千円＋七千円＝五万一千円、ぴったりなんですよね」

半年後、和嶋さんと入った古書店の前を通ると、空也上人の絵巻がなくなっていた。店番の人に聞くと、数日前に売れたという。履歴を調べてもらうと、同じ日に一遍の本も売れていた。和嶋さんにそのことを伝えると、「僕です」と言った。

繁盛する絵

同級生の鬼頭《きとう》くんが額に入った絵をくれた。

彼の実家は弁当屋なのだが、ある日、店の正面で女性が車に轢かれた。鬼頭くんのお母さんがすぐに救急車を呼び、病院までついていった。被害者は病院で亡くなり、身元を確認すると、知り合いの大家さんが経営するアパートの住人だった。

お母さんは大家さんの元を訪ねるが、返事がない。警察が確認すると大家さんはアパートで孤独死していた。鬼頭くんのお母さんは一日で二人の死の現場に遭遇した。

そのアパートには大家さんと事故死した女性しか住んでいなかった。

後日、アパートの解体が決まり、お母さんはその作業を見届けた。すると額に入った絵が目に留まった。お母さんは何かのメッセージかもしれないと思って、その絵を持ち帰り、店内に飾った。

その日から店に入ってくる客が「あれ?」と言うようになる。

どうやら外から店内をのぞくと、中にお客さんがいっぱいいるように見えるようだ。

そんなことを言う客が何人もいた。

お母さんは不審に思い、絵を手放すことにした。

僕は鬼頭くんからその絵をもらった。

運んできた鬼頭くんの手には、じんましんが出ていた。いまのところ僕の部屋では、絵をもらってから、なぜか下水の臭いがすること以外は変化はない。

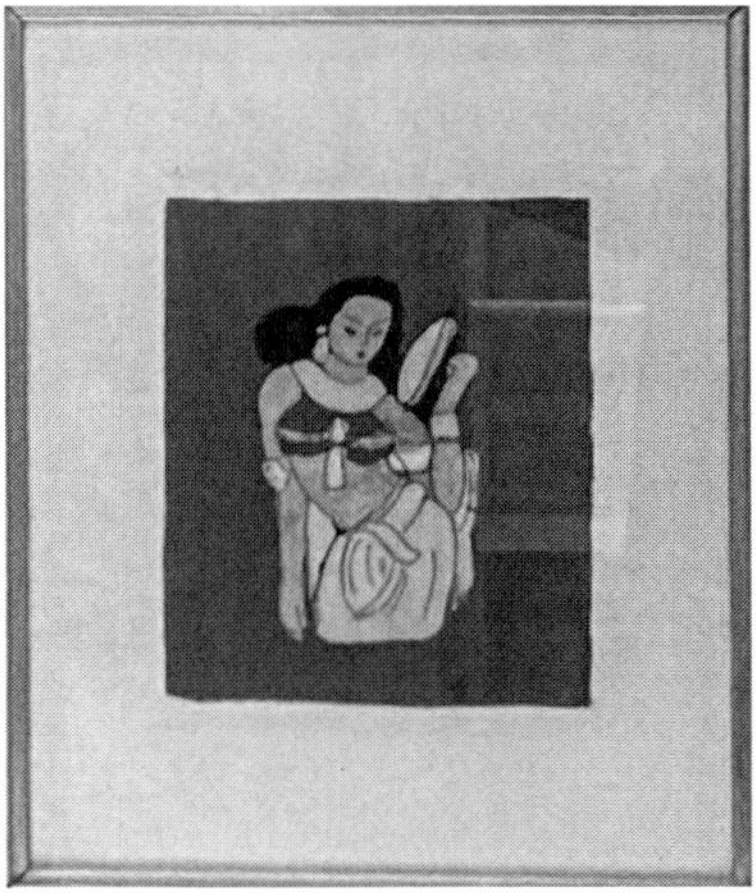

アパートに残された絵

焦げた百円玉

Sさんは解体工の仕事をしている。

その日の現場は火事で燃えた家だった。おばあさんがキッチンで調理中、服に引火してそのまま燃え広がり、亡くなった現場だった。

火災現場の解体は、木造建築だとほとんどが燃えて消失していることが多いが、その家はコンクリート造だった。コンクリートだと中だけが燃えている状態なので、室内全部が真っ黒の、リアルで痛ましい光景だった。

Sさんは解体作業の前に燃えた残置物をどうすればいいか依頼主の家族に確認した。

「もう全部捨ててください」

そう言われたのですべて廃棄することにした。

作業を進めていると、真っ黒焦げの百円玉が五枚見つかった。現金となるとまた確認が必要だなと思い、再び家族に聞いた。

「よかったら使ってください。使えなかったら捨ててください」

じゃあ、ということで「ありがたく使わせてもらいますね」と言って受け取った。

しかし、使うといってもコンビニで真っ黒焦げの百円玉をレジで出すのも気をつかう。自動販売機なら使えるかなあと思い、休憩中に自販機でジュースを買うことにした。

現場のすぐ近くに当たりつきの自動販売機があった。この手の自販機でSさんは当たったことは一度もなかったのだが、真っ黒焦げの百円玉を入れると一発で当たった。

次の日、同じ現場で休憩中に再び当たりつき自販機に焦げた百円玉を入れると、また当たった。その次の日も当たった。

「これ、とんでもない確率だぞ」

もしかしたら自販機が壊れているのではないかと思い、試しに別の百円玉を入れてみると当たらなかった。

さらに次の日、残り二枚になった百円玉をSさんの同僚の作業員が当たりつき自販機に入れると、その時は当たらなかった。

「なんだ、当たらないこともあるんだ」

それならば、と同僚は当たりつき自販機ではなく、自分が飲みたいジュースがある別の自販機に最後の一枚を入れてみた。

〝ドドドドドドド〟

自販機中のジュースが全部落ちてくるような勢いでペットボトルが大量に落ちてきた。すぐに取り出し口がいっぱいになり、つまって取れなくなってしまった。

構成作家

お世話になった構成作家が亡くなった。突然死だった。その作家が主催するライブが数日後に決まっていたので、後輩の芸人たちは驚きを隠せなかった。

ライブは予定通り開催され、終了後、出演した芸人全員が楽屋で記念撮影をした。まるでその作家を囲んでいるかのように真ん中にスペースを空けて写真を撮った。

すると真ん中に白いモヤが写り込んでいた。

本当にその場にいたのかもしれないねと、後輩たちはほっこりしたという。

後日、亡くなったはずの作家のツイッターが更新されだした。アダルトサイトの紹介をするアカウントをリツイートしはじめたのだ。

その作家はよく下ネタを言う人だった。

真ん中に映った白いモヤ

宇宙の絵本

奈々さんは仕事に行くため家を出て、自宅マンションの前に停めている自分の自転車の前カゴに本が入っていることに気づいた。『宇宙　そのひろがりをしろう』という絵本で、図書館のシールが貼ってあった。申し訳ないけど急いでいたので隣の自転車のカゴに移して自転車に乗った。帰ってくると本はまだ隣の自転車のカゴにあった。

それから数日間、自転車置き場にある自転車のカゴの中を絵本が転々としていた。おそらく自転車の持ち主たちが、奈々さんと同じようにそれぞれ隣の自転車のカゴに移したのだと思われる。

約一週間後、絵本は奈々さんの自転車のカゴに再び戻ってきていた。これは運命か何かだなと思い、本をカバンの中に入れた。その日、アマゾンからメールが届いた。

「あなたのお探しの本はこれですか？　『宇宙　そのひろがりをしろう』」

奈々さんはそれまでその本について一度も検索したことはない。

緑のドーナツ

藤井さんの奥さんは霊感がある。藤井さん自身にはまったくない。ないからこそ信じられなかった出来事がある。

結婚して一年目は、お互いの生活習慣や性格が合わなくて、よくバチバチとケンカしていた。

その日も寝る前にささいなことで言い合いになった。向こうも言い返してはきていたが、藤井さんは正論で攻めて論破した実感があった。すると、奥さんが急に黙ってしまった。

〝あ、この人、自分の分が悪くなったら無視するタイプなんだな〟

「ちょっと、どうしたの?」

いちおう声をかけた。奥さんはフッと上の方を見た。すごくあからさまな無視のしかただなと思ってよけいにとイラッとした。

「人の話を聞かないからだぞ」

藤井さんは言い負かしたつもりで奥さんにそう言うと、

「シッ」

奥さんは人差し指を口に当て、それ以上しゃべるなと言葉を制した。

〝なんだ？〟

そう思った瞬間、部屋の天井の隅からワーッと緑色のドーナツみたいなものが降りてきた。

あれ、なんだろう？　と思ったら、一、二秒間、宙に浮いた状態のあと、そのままスッと消えていった。

藤井さんは呆気に取られ、ケンカどころではなくなった。

タコ

青森県三沢市出身のシロミさんの実家はすぐそばに海がある。子供のころよく幼なじみと妹と三人で海で遊んでいた。

シロミさん自身は記憶にはないが、当時幼稚園児だった妹が、女の人が白い着物（襦袢）を着たまま海に入っていくのを見たという。

その少しあとに、毎晩、海の幸をツマミに晩酌するシロミさんの父親が、タコの刺身を食べていた。するとタコの身の中から髪の毛がニューッと出てきて、引っ張ると長髪の女性くらいの長さだった。

それを見て妹はタコが食べられなくなった。

ちくわ

マリアさんは十八歳のころ、二階建ての古いアパートでひとり暮らしをしていた。

近所のスーパーで食料品の買い物をし、帰宅後、冷蔵庫にしまった。

後日、購入した食料品のなかからちくわを料理しようと冷蔵庫を開けると、買ったはずのちくわがない。あれ？　もしかしてスーパーに置き忘れてきたかなあと、うっかりしていた自分を反省した。

数日後、帰宅すると何もないテーブルの上にぽつんとちくわが置いてある。封も開いていない。普段からテーブルの上は何もないきれいな状態にしているので、ちくわが置いてあること自体ありえない。メーカーも先日買ったちくわと同じだ。

これは冷蔵庫にしまっていた、ちくわだろうか？

誰かが部屋に侵入したとしても、ちくわを盗んで、しかも返す理由が理解できなくて気持ちが悪い。

しかたないので警察を呼んで事情を説明した。警察は少しあきれたように、

「はぁ……ちくわ……ですか？　とりあえず近所をパトロールしますね」

そう言って帰っていった。

テーブルに残ったちくわは怖いのですぐに捨てた。

喫煙所

神戸駅の前の喫煙所でタバコを吸っていた。すると作業服を着た男性が僕に声をかけてきた。

「事故物件に住んでる芸人さんですよね。あなたに会ったら伝えようと思っていたことがあったんです。僕の同級生は高校時代から霊感があって、当時、僕よく金縛りに遭ってて、同時に誰かが泣いている声が聞こえてたんです。そんな現象が起きてることを彼女がすべて言い当てたんです。それで僕におばあちゃんの生き霊が憑いてるって言いだして、そのときおばあちゃんは病院で寝たきりだったんですけど、そのおばあちゃんをあの世へ連れ去りたい死神が、おばあちゃんがなかなか死んでくれないので泣いているって。だから僕が聞いてたのは死神の泣き声だったみたいなんです」

その話を詳しく聞いてみたくなったので、その霊感がある彼女のことを聞いてみたところ、人を殺して服役中とのことだった。

鼻の穴耳の穴

とあるバーの「お師匠さん」と呼ばれるマスターは、以前、仏教系のバーで働いていた。

店には仏教について何も知らない人から、やたらと詳しい人、さらには現役の僧侶まで、多種多様の客がやってきた。

そのなかで特に印象に残っている客がいる。

密教系の僧侶をやっている風の男で、完全に先入観ではあるが、べたっとした顔つきが「なんか嫌な顔だな」と思っていた。

男はノリがよく、仏教の話に花が咲いた。だんだんお酒も入ってきて上機嫌になった彼は、鼻の穴にすっと小指を入れだした。

「うんうんうんうん」

自分のまだ知らぬ仏教の話を聞けてよほどうれしかったのか、どんどん小指が奥に入っていく。

「すごいなあ、楽しいなあ」

時折、男は耳の穴にも小指を突っ込み、また「うんうん」とうなずく。そしていよいよもう片方の小指も鼻の穴に入れ、両手の小指を鼻の奥まで突っ込んだ。

「すごいなあすごいなあすごいなあ!!」

男の小指は根元まで挿入され、時折、耳の穴にも入れながら、抜き差し抜き差しをくり返す。もはや両手の小指は鼻の奥から目頭に到達せんばかりの勢いだ。

「すごいなああああぁ!!!」

男は絶叫したあと、恍惚の表情を浮かべた。

これが彼なりの苦行の先にある奇跡の見方なんだなと、お師匠さんは納得した。

睡眠薬

エリさんは霊感がまったくない。しかし一度だけ妙な体験をしている。

そのころエリさんは仕事や人間関係のストレスで不眠症になっていた。病院で睡眠薬を処方され服用するのだが、それでもなかなか寝つけない。しばらくすると部屋の壁から子供が何人もすり抜けていく。まったく知らない子供たちだ。自分の意識ははっきりしている。これは睡眠薬による幻覚だと思った。

エリさんはそれから睡眠薬を飲むのをやめた。

金粉

ライターのコンさんが以前つき合っていた彼女は手から金粉が出る。

はじめは喫茶店で話しているときだった。なにげない会話の最中に彼女の手元からキラキラ光るものが落ちた。何それ？　と聞くと、「なんかね、たまに出るの」と言う。特にタイミングがあるわけでもない。その後も規則性はなく、彼女の手の平から金粉が落ちた。

それ以外はごく普通の女性だった。霊感があるわけでも超能力があるわけでもない。ただ独特の雰囲気を持った見ず知らずの人に声をかけられることは多々あるという。

歴代彼女

犬拐《いぬさらい》さんは数年前、当時つき合っていたIさんと鳥取県の皆生温泉海遊ビーチが見えるホテルに宿泊したときに、二人でピンクの化け物を見た。

日没時、ホテルのベランダから海を眺めていると、テトラポッドの上に鳥のような生き物が動いているのが見えた。立った人間と同じくらいの大きさの薄いピンク色をした鳥だ。ビーチには何人かいたが、誰も巨大なピンクの鳥に気づいている様子がない。自分たちにしか見えていないのだろうか。

犬拐さん自身に霊感はない。あとにも先にもはっきりと見た変なものはそれだけだ。しかしIさんは、よく「見てしまう」人だった。

Iさんと広島へ旅行したときは、Iさんだけが見た。

その日は居酒屋でお酒を飲んだあと、酔っぱらってホテルへ戻り、少し眠った。Iさんだけが目を覚ますと、つけっぱなしだったテレビに深夜の通販番組が放送されていた。しかし違和感がある。アップで映っている司会者がなぜか血まみれなのだ。

「この人はなんでこんなケガをしたままテレビに出てるんだろう……」

回らない頭でウトウトしながら、また軽く目を閉じた。

違う！

目を覚まし、テレビを見ると放送されていたのは普通の通販番組だった。つまりさっき見えていた血まみれの司会者は、テレビの向こう側ではなく、こっち側にいたんだと気づいた。

ほかにも、ある日の朝、Iさんが飼い犬と散歩していたら、突然、バサッと羽ばたく音が聞こえたと同時に頭上を何かが通っていった。地面に映ったその影はまるで巨大なコウモリのようだった。すぐに周りを見渡したが、どこにも姿は見えなかった。

また別の日、友人と二人で街を歩いていると、後ろから黒ずくめの何者かに抱きつかれた。Iさんは驚いて叫びながらふり払ったが、そこには誰もおらず、友人も何も見ていなかった。

Iさんは子供のころにも香川県の厳魂神社へ父親とお詣りにいったときに、屋根の上で叫ぶ女の姿を見ている。その日は祭りで、満月の夜、たくさんの参拝客と奥社へ向かう石段を上っていくと、その途中の社殿の屋根に、着物をはだけながら金切り声で叫ぶ女性がいた。恐怖を感じながらも通り過ぎたが、お詣りを終えて下るとき、また同じ女性が屋根の上から叫んでいた。帰宅して父親に「あの叫んでた女の人、怖かったね」と言ったが、父親には女性の姿はいっさい見えていなかった。

犬拐さんがIさんの前につき合っていたFさんも見える人だった。

Fさんは物心ついたときから二階の自分の部屋の前にある一階へつながる階段に、知らない女性がいつも横向きに立っているのを見ていた。Fさんは自室にいるときは基本的にドアを開けっぱなしにしていたので、宿題をするときも寝るときも朝起きたときも、常にその女性がドア前の階段にいるのが見えていた。

目線は合わないし、何かをするわけでもないので、特に怖いわけではない。何年もずっとそこにいるので、家族とは別に、そのしゃべらない横向きの人が一緒に住んでいるのだと思っていた。

中学三年生のときに彼氏ができてからはその女性は見えなくなった。

さらに、犬拐さんがFさんの前につき合っていたMさんは、感じる人だった。

Mさんは山登りが嫌いな人だった。中学校の遠足で登山中、突然、半分溶けたような顔や、腐敗した人間の肉塊が頭に浮かんだ。おそらく、その山で亡くなった人のイメージ映像をキャッチしてしまうのだろう。それからは過去に事件があった場所や事故現場なども敏感に察知する体質になってしまったため、二人で行ける場所は限られた。

ちなみにいまの彼女は聞こえる人で、疲れているときや心配事があると、祭囃子が聞こえるという。

ひよこのキーホルダー

Oさんはバツイチで再婚している。前の奥さんとの思い出の品は再婚するときにほぼすべて捨てた。唯一、車のキーにつけたひよこのキャラクターのキーホルダーだけは捨てずにいた。いまの奥さんにそのことを言うわけでもなく使い続けていた。

ある日、奥さんがキーホルダーのひよこの首をボキッとへし折った。

「なんでそんなことするの？」

「え、なんかイラッとしたから」

それ以上の理由はなかったそうだが、Oさんはゾッとした。

それから数年経ち、前の奥さんと連絡は取っていなかったが、突然、共通の知人が教えてくれた。

「おい、聞いたか、○○さん（前の奥さん）亡くなったらしいぞ」

それを聞いて、Oさんは首をへし折られたひよこのキーホルダーが頭に浮かんだ。

生贄《いけにえ》の嫁

Tさんが「言いたくない話」として聞かせてくれた。

いまから十数年前、当時Tさんが出入りしていたバーにはよくイケイケの社長連中が集まっていた。その社長たちの会話は「本当に人の心を持っているのか」と耳を疑うような内容が多く、でもだからこそこういう人たちは、人の上に立てるのかもしれないなと興味深く聞いていた。

ある日、店にいた五、六人の社長連中のひとりが、その場にいない社長の話をした。

「あそこのフランチャイズって、B社長がやってるんだけどさ」

少し前、近所の繁華街にフランチャイズの飲食店がオープンした。Tさんの住む街では珍しかったため、店はとても繁盛していた。

「あの土地さ、店が建つ前に木が生えてたの覚えてる？」

繁華街の一角にポカッと空いた土地。そこには一本の柳が生えていた。なぜここにはずっと何も建たないんだろうと、地元の人間なら誰もが不思議に思っていた場所だった。

「あそこさ、前の地権者から、あの木は切るなって言われてたらしいんだけど、買い取って自分の土地になったんだから関係ないって言って、B社長が切っちゃったんだよね。そしたらオープンする前から進まないんだって、いろいろと。やれ水道管がうまいこといかん、やれ作業員がケガをする。それで準備が遅れて、B社長も焦るわけよ。木を切ったからじゃない？　とかみんな言うんだけど、B社長もかなり追いつめられちゃって。それでもなんとかオープンには間に合ったのよ。でもさ今度は別の問題が出てきちゃって。店長が休んでくれないんだって。がんばり屋さんで。でさ、結局死んだの。過労で。半年経ってないうちに。だから休めって言ってるのに、勝手にタイムカード切って働いてたらしいの。どうするどうする、ってなって、B社長、結婚したばかりで家族もいるし、借金も背負ってる。始めたばかりで店をたたむわけにもいかないじゃない。結局、B社長も現場に入って働いてさ。そしたら今度は、死んだはずの店長の幽霊が出だしたの。従業員が下にいるとき、上で店長が働いてるって言うんだよ。厨房に食器を運ぶ用のエレベーターがあるじゃない。あれが勝手に動きだしてさ、そのときは誰もいないはずの二階でカチャカチャ片づける音がして、あれ絶対店長だって。死んでもまだ働いてんだってみんな言い出して。B社長はただでさえ人手が足りないのに、店長の幽霊が出るなんて噂が立ったらいよいよつぶれると思ったから、俺たちに相談してきたわけ。もう顔面蒼白よ。それで占い師というか祓い屋？　祈禱師みたいなのをまた別の社長が連れてきて、弱ってるB社長に紹介したのよ。そしたらその占い師のおばちゃんが、女がいるって言うんだ。女の幽霊がいるって意味じゃなくて、祓ってあげるけど憑代《よりしろ》になる女が必要ってこと。つまりB社長とは別に女を誰か連れてこい、と。それで誰を連れていく？　ってなって、B社長は愛人全員に断られちゃって、しかたないから新婚の嫁さんを連れてきて、ひと晩中祈禱した。その間、何があっても声を出すなって言われてたんだけど、うぅああああああああーーーーって嫁さんが叫びながら痙攣《けいれん》して。それでいまのところ店もなんとか続いてるって話。ひどいよね、B社長。まあ、友達なんだけどさ」

Tさんはその話を聞いて、やっぱりこの人たちとは話が合わないと思ったという。

みちづれ

Aさんが司会進行として働いていた葬儀屋では、当日の朝に葬儀内容が書かれた指示書を渡される。

その指示書に「あるマーク」が入っている場合、遺族への配慮などいろいろと気をつけなければならない。

その日の指示書にはマークがあった。

葬儀はしめやかに執り行われた。喪主は夫で、娘が二人。長女は嫁いでいて、次女は車椅子。次女の首にはスカーフが巻かれていた。

故人は車ごと海に飛び込んで引き揚げられた中年女性だった。

＊

「何やってんだ！」

仕事が終わり自宅に戻ってきた夫が、娘の首に手をかける妻に叫んだ。

夫はとっさに妻と娘を引きはがし、パニックに陥った妻は車に乗って家を飛び出した。夫婦は病気を患う三十代の次女と三人で暮らしていた。妻は献身的に娘を介護していた。

すぐに捜索願が出されたが、妻は車体ごと海に沈んでいた。ブレーキ痕がなかったため、自殺と判断された。

＊

一週間後、Aさんは再びあのマークがついた葬儀を担当した。同じ家族で、故人は次女だった。今回は小ホールでの家族葬で司会進行は必要なかったが、遺族がみんな憔悴し切っていて指示をする人間がいなかったのでAさんが取り仕切った。次女がなぜ亡くなったのかは知らされなかった。

「お母さんが連れていったんだろうね」

近所の弔問客がぼそっと言った。

Gさん

茜さんの弟は子供のころに、死にかけるほどのケガや病気を何度もくり返していた。

小学六年生で脳膜炎を患って入院し、いよいよ危篤状態になったとき、母方の祖母が藁にもすがる思いで、高知県の有名な霊媒師に連絡をした。

「遠隔でみるから彼の身につけているものを何でもいいから持ってきなさい」

そう言われた祖母は弟の下着を持参し、霊媒師に会いにいった。

遠隔でのお祓いは成功し、弟の病状はみるみる良くなって無事に退院することができた。

後日、霊媒師に「家族全員で来なさい」と言われ改めて訪ねると、その場で本格的に霊視とお祓いが行われた。そしてなぜ弟が病気やケガをくり返すのか、その原因が判明した。

「この子には七人ミサキが憑いている」

霊媒師は見えない誰かとうんうんと話しながら、そう言った。

七人ミサキとは諸説あるが主に海で溺死した人間の死霊のことで、七人組で連なって徘徊し、出会うと即、取り殺されてしまう怨霊のことだ。殺された人が怨霊となって新たに七人ミサキに加入することで、そのうちのひとりが成仏する。このようにいつまでも七人の霊が増減することなく現れ続けるのが七人ミサキである。

「ところで身内に昔、行商人を殺したものがいないか?」

霊媒師が家族に尋ねた。茜さんの両親は心当たりがあったようで、慌てて身内に電話で確認した。父方の祖母が亡くなってから「Gさん」の墓の世話を誰もしていなかったという。

茜さんの先祖は昔、村へやってきた行商人Gさんの荷物を奪って海に突き落とした。Gさんはなんとか船のへりをつかんで命乞いをするが、先祖はGさんの指を斬り落とした。そしてGさんは「末代まで祟ってやる」と言いながら海に沈んでいった。

その後、茜さんの先祖は災いや祟りのようなことが起きたのか、Gさんの墓を建てて供養するようになった。いまでも茜さんの親戚が墓を世話しているのだが、弟が病気になったその時期は、いつも墓参りをしていた父方の祖母が亡くなったため、茜さんの家族は誰もGさんの墓に行ってなかったのだ。

「殺された行商人が七人ミサキとなって弟を連れていこうとしている。ちゃんと大事にお祀りしなさい」

霊媒師にそう言われた茜さん家族は、その後、全員でGさんの墓参りに行き、定期的に墓の様子も見にいくようにした。それからは災いもなく弟も元気に過ごせるようになった。

茜さんはこの一件でGさんのことと七人ミサキのことを初めて知ったのだが、大人になってから母に当時のことを聞くと、さらに新事実が発覚した。

それは弟の災いが始まった、最初の出来事についての話だ。

ある日、弟は保育園の三階から転落し、生死をさまよった。責任を感じた保育士の身内が、弟の回復を祈るためにどこからか霊能者を連れてきた。

「この子にはミサキのおじさんが憑いている」

霊能者の言う「ミサキのおじさん」とは、茜さんの父方の祖母の兄である。なぜ

「ミサキのおじさん」と呼ばれていたのかは不明だが、北の方に住んでいたミサキのおじさんは、ある日突然プールに飛び込み、心臓麻痺で亡くなっている。

なぜ祖母の兄が幼き子供を連れて行こうとするのか。

そもそもこの不審死を遂げたミサキのおじさんは、Gさんに取り憑かれて亡くなったと身内では言われていたのだ。つまり、Gさんに取り憑かれたミサキのおじさんは、七人ミサキとなって弟に取り憑こうとしたのである。

そう考えるとミサキのおじさんの「ミサキ」という呼び名も、七人ミサキが関係しているかもしれない。

ミサキのおじさんを祓っても、弟の不幸は止まらなかった。脳膜炎になって根本の原因であるGさんにたどり着いたとき、ようやく祟りが鎮まった。

しかし、弟の病気が治っても、茜さんの家系はまだGさんから解放されたとは言えない。墓を参らないとまた祟りが発動する恐れがあるからだ。

Gさんの本当の祟りとは、永遠にGさんを忘れられない呪いだ。

首なし馬

徳島県に「首なし馬」という妖怪が現れる。その名の通り首のない馬で、「首切れ馬」とも呼ばれる。

首なし馬は各地に出没し、見ると高熱が出て三日以内に死ぬ、あるいは災いがあるとされている。

ある大学で文化人類学を専攻する学生が、徳島怪異の研究で首なし馬の分布図を作ろうとした。

どこから、どう見て、どこにいたのか、学生は膨大な時間と労力を費やして各地の「首なし馬」目撃情報を収集した。

調査の結果、目撃情報のなかに、あるひとつの共通点が見えてきた。それは隣接する村と村との間に発生する「憎悪」に関係するものだった。

学生は、論文の提出を断念した。

祓い屋の最期

元後輩芸人の石岡くんの曽祖母は祓い屋だった。彼が生まれたときにはもう亡くなっていたが、曽祖母のことは母から聞いていた。

曽祖母は年に一度、高野山で修行していた。高野山は明治時代まで女人禁制が続いていたので「女人高野」という女性が入れる寺に行っていたそうだ。

曽祖母のもとにはいろんな人が相談に訪れた。そのたびに憑き物を落としたり祓ったり、長い間やり続けた。亡くなる十年前から曽祖母は寝たきりの状態だった。

「この仕事はね、落としたものが最後全部自分に返ってくる。それを背負いながら逝かないといけない宿命なんだ」

そう話していた曽祖母は、今際の際、もがき苦しみながら逝った。

「ぐわぁーーー、ぎやぁーーーー」

石岡くんの母は、曽祖母の壮絶な最期の姿がいまでも忘れられないという。

かやく飯と焼き魚

曽祖母の跡を継ぐ者は誰もいなかった。しかし曽祖母の影響もあり、石岡家は神仏に対して信心深い家系で、そのなかでも石岡くんは家族でただひとり、霊的なものを感じる子供だった。近所の霊媒師にも世話になった。石岡くんも成長するにつれてそういったものに興味を持つようになっていく。

二十歳を過ぎた石岡くんは将来自分が進む道を二つの選択肢のどちらにするか悩んでいた。ひとつは芸人を目指す道で、もうひとつは曽祖母や近所の霊媒師のように祓い屋の修行に励む道。

「それだけは絶対にやめて!」

曽祖母の最期を間近で見ていた母は、息子が修羅の道を選ぶことを全力で拒んだ。だから彼は芸人になった。

いまは芸人を辞めてから飲食業の経験を積み、かやく飯と焼魚の店をやっている。

カミサマの祖母

鈴木さんの母方の祖母は津軽出身で「神様を祀る人」だという。自室に五円玉で作った阿弥陀如来の絵を飾り、いろんな人が拝みに来た。

青森県は死者の霊を口寄せする「イタコ」が有名だが、神の言葉を伝える「カミサマ」と呼ばれる巫女も存在する。おそらく鈴木さんの祖母はカミサマの系統だと思われる。

鈴木さんは幼いころから見えないものまで見える祖母に憧れていた。

「おばあちゃん、なんで幽霊見えるの?」

無邪気ゆえに率直な疑問を祖母にぶつけた。

祖母は四歳のころに天井から神様のような何かが見えた。そのとき曾祖母に言われたそうだ。

「それが見えたのであれば、あなたはそういう星に生まれたということ。もう助けることはできません」

鈴木さんの母方は、長女が神様を受け継いでいく家系だった。

祖母が自分に不思議な力があることを自覚したのは小学生のころだった。曽祖母とバスに乗っているとき、前の席に座っている人の顔に黒い顔がかかっているのが見えた。

「お母さん、どうしてあの人、顔が真っ黒なの？」

「そんなこと言ってはいけません、黙ってなさい」

その直後、前の席の人は窓を開けて外をのぞき込んだ。すると、すれ違う対向車のバスに首を挟んで死んでしまった。

「これから二十歳になるまで何が見えても言ってはいけません」

曽祖母は祖母に忠告した。小さいころは何を言っても誰も信じないからだ。

祖母の葬式は自宅で行われた。祖母の家にはさまざまな人が弔問に訪れた。おそらく生前の祖母にお世話になった人たちなのだろう。祖母はその特殊な力を誰かのために使い続けたのだ。

祖母には長女、次女、長男の順に子供が三人いた。鈴木さんから見ると長女が伯母、次女が母、長男が叔父にあたる。

葬式の最中、突然炊事場の蛇口から水がジャーッと全開で流れだした。それと同時に叔父がゆらゆらと揺れはじめ、ふにゃふにゃふにゃと寝言のように何かを語りだした。

「いやぁ、腰痛いべ。私が死んでも海に箸をひもで二本つないで投げてくれ、そうしたら三途の川を渡れるから……」

幼いころから不思議なことに興味津々だった鈴木さんは、目の前にあった祖母がお経を流すときに使っていたラジカセの録音ボタンをとっさに押した。

録音された叔父の声は、再生すると祖母の声になっていた。鈴木さんはこのカセットテープは大事に保管せねばと思ったが、祖母の跡を継いだ長女の伯母に没収され、お焚き上げされてしまった。

葬式のあと、叔父が行方をくらました。

当時四十代半ばだった叔父は、若いころに走り屋をやっていて、スパイクタイヤをつけて夏場に火花を散らすようなヤンチャな人だった。幽霊なんて信じない、神仏なんて関係ないといった、祖母のやってきたことを否定するような人だった。

葬式から二日後、喪服のままの叔父が車をボコボコに傷つけて帰ってきた。どうやら無意識に神社仏閣を百ヶ所以上回っていたそうだ。気がついたときには神社や寺にいて、また気がついたら別の神社や寺にいる、というのを延々くり返し、一番遠い所では山形まで行っていたという。伯母によると、叔父が回った場所はすべて生前に祖母がお参りに行っていた神社仏閣だった。

叔父はその後、どこに行っても幽霊が見えてしまう体になってしまったようで、いまでも「幽霊なんていない」と言うのだが、親戚や知人の葬式では震えながら目を隠している。

祖母の一周忌、仏壇の前で叔父がまた葬式と同じように揺れだした。鈴木さんは伯母にまたテープを没収されることを避けるため、今回は自分のホームビデオカメラで録画を試みた。

映像には、仏壇の前で揺れる叔父の周りに、おびただしい数の赤い光が点々と映っていた。これはすごい映像だと、鈴木さんは興奮したが、またしても伯母に見つかり、ビデオテープは没収され、お焚き上げされてしまった。

神様の写真

喫茶店で怪談をするという番組のロケで、本番前に近くの喫煙所で僕は怪談の練習をしていた。しかしひとりではどうもうまくいかない。聞いてくれる相手が欲しいなあと思っていたところ、ロケ車の運転手の女性が喫煙所にやってきた。

「すみません、ちょっと怪談の聞き役になってくれませんか？」

運転手さんは「いいですよ」と快く引き受けてくれた。

そのとき話したのは山の怪談だった。

屋久島の縄文杉を見にいった家族の父が、トイレから帰ってくるとニヤニヤして様子がおかしく、それと同時に突然現れた霧によって家族は遭難してしまうのだが、「おーい、おーい」という声に導かれて近づいてみると、途中ではぐれたガイドさんが手をふっていて助かった。

しかしそもそも遭難した理由が、トイレに行った父が「山姫」に会っていたからではないか。山姫とは姿は美しく、出会うとニコッと笑いかけてくるのだが、それに対してこちらも笑い返してしまうと山を二度と下りられなくなる、という屋久島の妖怪である。あのときニヤニヤしていた父は何を見ていたのか……。

そんな話を聞いてもらった。

「そうですね、ひとつ気になるのは、おーい、おーい、のところですね。だいたい山の怪談だと、まずガイドさんに、お互いの呼び名以外で呼ばれた場合、決してついていってはいけませんって言われるじゃないですか。だから、おーい、おーいって呼ばれたときに、ここで怪異に遭遇するのかなと思ってしまいました」

運転手さん、まさかの怪談玄人だった。

「めちゃくちゃ怪談詳しいですね」

「はい、私しょっちゅう怪奇現象に遭遇してしまうタイプなので」

「え、そうなんですか。たとえばどんな体験があるんですか？」

「わかりやすいのでいうと、この写真なんですけど……」

運転手さんはスマホから一枚の写真を見せてくれた。神社の本殿らしき建物の屋根の上に、くっきりと仏像のような、神様のような何かが写っている。

「これは……」

運転手さんは喫煙所で、この写真が撮れた経緯を語ってくれた。

——櫻子さんはいまはロケ車の運転手をしているが、以前はバスガイドの仕事をしていた。そのため、日本各地の観光名所や神社仏閣をずいぶんと回っている。なかでも島根県の出雲大社には何回も行っているが、いつかは仕事ではなく個人的に行きたいなと思っていた。

ある日、ちょうど休みが取れたので念願の出雲大社参拝を敢行した。やはり感じ方が仕事で行ったときとは全然違った。

日帰りで大阪へ戻り、長旅の疲れからすぐに横になった。

午前五時、急に目が覚めた。櫻子さんはいつも朝起きたら軽い頭痛がするのだが、ありえないほど意識がクリアである。

おかしい、これは何かあるぞ。そんな予感はいつも的中する。

〝シャンシャンシャンシャン……〟

案の定、南東の方角から神社の鈴の音が聞こえてきた。音を聞いた瞬間に「これは霊的な作用だな」と思った。

出雲大社から何かがついてきたか？　あるいは出雲の神様からのメッセージか？

しかし出雲は方角的に自身の住む大阪からは西に位置する。

なぜ南東？

出雲大社の主祭神は大国主大神《おおくにぬしのおおかみ》である。長年バスガイドをしていた櫻子さんは、観光客に解説するための知識として各地の神話などにも詳しい。そのため、大国主に関わる神社が南東の方角にあるはずだとピンときた。

大阪の自分の家から南東の方角に地図をたどっていくと、奈良県桜井市の大神神社《おおみわ》にあたる。大神神社の主祭神は大物主大神《おおものぬしのおおかみ》。大神神社がいうには大物主と大国主は同一神である。

これは、大神神社に呼ばれているに違いない。大神神社に行かなくては。

しかし櫻子さんはその後、足底腱膜炎を発症してしまい、大神神社に行くことはしばらく叶わなかった。

三年後、ようやく足が治り、念願の大神神社で写真をパシャパシャ撮ったうちの一枚が、この写真である。

屋根の上に注目。初訪問の大神神社

大蛇

櫻子さんは中学生のころに初めて自分の守護霊を見た。

何かが起こる前というのは自分でもわかっていて、寝るときに「今日、何か来るな」と感じていた。

案の定、夜中に目が覚める。何だろうと思って様子をうかがうと、視界から一メートルほどの距離で、大蛇がとぐろを巻いていた。

当時の櫻子さんは幽霊に対しては怖いと感じていたが、大蛇には不思議と恐怖がわかなかった。

それから半年後、修学旅行で訪れた長野から幽霊をたくさん連れて帰ってきてしまった。霊感の強い友達も同じように連れて帰ってきたので、二人で大阪の八尾市で有名な霊媒師のところへお祓いをしてもらいにいった。

「二人でこんなにようさん連れてきて」

霊媒師は幽霊を即座に祓ってくれた。

「あと、あなたの守護霊がいま降りてこようとしてるけど、降ろしていいか?」

櫻子さんは何か怒られるような気がして、「嫌です」と断った。

「でも、もう降りてきちゃってるから」

霊媒師は両腕をタコのようにクネクネ波打たせた。

「がんばれよ~」

そう言って霊媒師は元の状態に戻った。

「いま何が入ってたかわかるか?」

櫻子さんはまったくわからなかった。その代わり友達が答えた。

「龍だと思います」

「そやで、龍やで。あなたには龍神がついてるんだよ」

そう言われて櫻子さんは合点がいった。

あのときの蛇、龍やったんや。

「だから私、昔から雨女なんです」

櫻子さんによると、龍神が守護霊の人は雨女と雨男が多いという。

サモエド

恵さんは占い師見習いの友達に誘われて、「霊視ができる」と友達が薦める占い師にみてもらった。

「君、なんで来たの？」

開口一番、妙なことを聞かれる。

「え、いろいろなんか先生がすごいって聞いたんで、恋愛運とか仕事運とかみてもらいたいんですけど」

占い師はあきれた顔で答える。

「そうじゃなくて、君みたいな守護霊を連れてる人、僕が君の何を見ればいいの？　君もみえるタイプでしょ？　そんなでっかい狐連れてさ」

恵さんは確かに幼少期から何かといろいろみえてしまっていた。だからこそ悩まされ、いろんな占い師や霊能力者に話を聞きにいったが、そのたびに「大型犬並みに大きな狐を連れている」と言われていた。

＊

恵さんは小学一、二年生のころにいとこの家で白い大きな狐を見たことがある。

毎年正月になると恵さんの家族は本家に集まった。恵さんはいとこたちとかくれんぼをしてよく遊んだ。

いとこたちは表の庭で隠れるが、恵さんは裏庭に隠れた。本家は代々農家だったので、裏庭にはお稲荷さんの社があった。

恵さんは幼稚園の年少ぐらいからその社を毎年掃除していた。かくれんぼをしているときに、白い陶器の狐が土ぼこりで汚れていて可哀想だなと思い、社に手が届くギリギリの背丈でそのほこりを払ったり、木の枝で社の屋根の落ち葉を落としたりしていた。シルバニアファミリーで遊んでいるみたいで楽しかった。

その年のかくれんぼでは、社から少し離れた窪《くぼ》みに、大きな白い犬がいた。サモエドのような犬だ。

恵さんは犬や猫がアレルギーで触れない体質だったため、親から触ることを禁じられていた。しかし、裏庭には誰もいない。いまが触るチャンスだ！　と思って白い犬を思う存分なでた。

犬は、触ってもおとなしかった。話しかけても無視、いいこいいこしても無視。「お手」と言っても、チラッと見たあとフンって感じで無視された。

「めぐちゃんみっけ！」

後ろからいとこの男の子の声がした。

「私ワンちゃんと遊んでるからかくれんぼしてないし」

ふり向いてそう言うと、

「どこに犬いんの？」

「え？」

犬の方を向き直したら、もういなかった。

「おばちゃーん、めぐちゃんが犬触ったって言ってるよー」

大人たちは「犬なんてどこにいる？」「野良犬が入ってきたのか」と心配した。本家では犬は飼ってなかったのだ。サモエドのような白い犬を見たのはその一回きりだった。

高校三年生になった恵さんは、春から名古屋に引っ越すことになったので来年から正月は来られないかもしれないと、本家の伯母さんにあいさつをした。

「めぐちゃんさ、小さいときうちに白い犬いたって言ってたよね。どのへんにいたかわかる？」

裏庭の少し窪んでいるところにいた、と説明すると、

「こないだ全然知らないおばさんが急に訪ねてきてね、ここのお稲荷さんはすごいと思って、つい訪問しちゃいました、拝ませてくださいって言うのよ。それで裏庭のお稲荷さんを案内したら、いえ、この窪みのところに大きな白いお狐様がいらっしゃるので、って言って手を合わせるの。それでめぐちゃんのことを思い出してね」

恵さんが見た白い犬は、お稲荷さんの狐だったのかと、そのとき初めて合点がいった。

＊

恵さんがかつて職場で見た幽霊が家にまでついてきたとき、ある巫女さんに祓ってもらったことがある。その巫女さんに会うギリギリまで熱が出ていたが、なんとか会

うことができて、その後その幽霊は見なくなった。しかし巫女さんは自分のせいではないと思うが、数年経たぬうちに亡くなってしまった。

また、引っ越した先で霊障によく遭っていたころに、遠隔で除霊をしてもらったことがある。その人はできるかわからないが、深夜二時くらいに遠隔で除霊しますと言った。その日の晩、突然地震が起きて、本や家具がバタバタ倒れる音がした。電気をつけると部屋の物は何も落ちてなかった。時計を見ると二時だった。あ、除霊してくれたのかと思った。半年後、その霊媒師にお礼を言いに会いに行こうとしたら、その人も亡くなっていた。

ユタの運命

ユタとは主に先祖供養や故人の口寄せ、霊に関わる相談を受けたりする沖縄特有の霊媒師である。

比嘉さんは、幼いころからユタや霊的なものが大嫌いだった。

母の霊感が強いせいで、母が危険を察知したり、なんだか気持ち悪いと思った場所には行かせてもらえなかった。おもしろそうな店や楽しそうな公園も、母がダメと言えばダメなのだ。比嘉さんは子供ながら、見えないもののために行動を制限されることが嫌だった。

二十年前、母が亡くなった。悲しんだ親族が、毎年運勢を聞きにいくユタに相談し、お節介にも母が無事供養されているかを聞いた。

「あなたのお母さんは成仏されずにさまよっている」

そう聞かされた父はショックを受けて脳出血で倒れ、半身不随となってしまった。

ユタとは本来、人の幸せを導く存在のはずなのに、なぜ家族に追い討ちをかけるようなことをするのだろうか。比嘉さんはユタを憎んだ。

父親を看病して三日目、心労と過労で比嘉さんも限界を超え、倒れてしまった。そして、目を覚ますと世界が別のものになっていた。

まず目に入ったのは泣いてる奥さんの姿だった。しかしその後ろに黒いモヤが見え、ベッドの脇には明らかに時代の違う服を着ている人が立っていた。

ドアを開けると知らない人がいて、トイレに行くと知らないおじいさんが座っていて、いままで見えなかったものが突然見えるようになってしまった。

それは退院しても治まらない。

仕事で接客中、客の後ろのおばあさんがずっと話しかけてくる。

「あんた見えてるんだろ、じゃあこの子に私がいることを伝えておくれ」

家に帰っても職場で連れて帰った何かが入り込み、食事中よだれを垂らしてご飯が食べられなくなった。

もはや生活がままならない。これがカミダーリなのか。

奥さんは比嘉さんと結婚するとき、ユタに相談していた。

「この人と結婚すると、結婚してからカミダーリにあうよ」

それでも二人は結婚した。

そのカミダーリが三十代にして来てしまったのだ。

カミダーリとは、神々がユタになるものを選ぶ通過儀礼だ。選ばれたものたちの多くが日常生活に支障をきたす幻覚症状に悩まされる。このときユタになる道を選ばなければ、幻覚症状は一生続く。

後から知ることになるのだが、比嘉さんは小さいころから霊感があったのだ。「あの人は線香の匂いがする」と言うと、その人が亡くなったりしていたので、母がお祈りで能力を封印していた。母は自分の子供に過酷な運命を歩ませたくなかったのだ。

しかし母が亡くなって封印が解けてしまった。

比嘉さんはもうユタになるしかなかった。

ユタの修行は師匠のユタについて御嶽《うたき》、拝所《うがんじゅ》巡りをひたすらくり返すことだった。

しかしどのユタに頼んでも断られてしまうので師匠と呼べるユタは見つからず、しかたがないので文献や書物などを参考にし、自分ひとりで修行せざるをえなかった。

修行中の壁にぶち当たったとき、あるおばあと出会った。

壁がボロボロの家に住むその人は、ユタではなくカミンチュと名乗った。ユタと名乗るのが嫌だという。そのおばあが「あんたは強い」と言って吐き気をずっと催している。靴下に穴があくおばあの後ろには有名な企業がたくさん寄進していた。

「あなたはあなたのやり方でやりなさい」

おばあの助言を受け、依頼者がすぐに快方に向かうにはどうすればいいか試行錯誤すると同時に、普通のオジサンに戻るにはどうすればいいか試行錯誤しながら現在に至る。

ユタの遺体

沖縄で遺体管理人をする嘉陽さんは、いままで約四千体以上の遺体と向き合ってきた。

遺体管理人とは、葬儀社からの依頼で通夜から火葬まで、遺体の状態を管理する仕事で、遺族や参列者が故人と対面できるように、遺体の見栄えを整えるのが主な業務である。

そのなかで、嘉陽さんは三十体ほどのユタの遺体にも関わった。共通点として、ユタの遺体はむくんでいるものが多いという。

延命治療をした遺体はどうしてもむくんでしまう。

ユタは死後、生前関わった霊たちと今度はあの世で対峙しなければならない。

「死を受け入れたくないユタの人は多いのかもしれないですね」と嘉陽さんは言う。

死マン

いまから十二年前、僕が参加していた哲学カフェに「死マン」が現れた。

おでこに「死」の文字を入れ墨した男、死マン。彼はその異様な容姿とは裏腹に、ニコニコと穏やかなたたずまいで、人の話にも寄り添う人だった。

僕はなぜ額に「死」を書いているのか聞いた。記憶はうろ覚えだが、確か死マンは母親が宗教にハマって命を断ったことをきっかけに、自らの顔に「死」を刻んだと言っていた、と思う。死マンは葛藤し続けていた。

最近、死マンが死んだと聞いた。

もう十年も前に亡くなっていた。

死マン、死ぬのか、と思った。

死マンなのに死なないのが死マンなのかなと勝手に思い込んでいた。

そういえば僕は死マンのことを何も知らなかった。死マンを知るKくんに死マンがどういう人だったのかを聞いてみた。

死マンと出会った当時、彼は実家の看板屋を継がずに、路上で自作の絵や詩を売っていた。

絵は目玉の絵ばかりだった。

死マンには路上仲間がいた。

弾き語りのミュージシャンたちとはよく路上で語り合っていた。

死マンは優しいし、物分かりもいい。

Kくんは二十代後半のころ、死マンに言われたことを覚えている。

「Kくん、最近垢抜けたね」

「そんなことないすよ、いろんなことをあきらめただけですよ」

「いやぁ、あきらめるってことが大人になるってことだと思うよ。だから、あきらめると垢抜けるって同じ意味なんじゃないかなぁ」

実は死マンは就職活動をしていた時期があった。

目玉の絵が思うように売れず、思うところがあったのかもしれない。

しかし、なかなか就職できずに悩んでいた。

額には「死」がついたままだった。

結局、彼は実家の看板屋を継ぐことにしたようだった。

それからほどなくして、死マンと仲の良かった路上ミュージシャンの女性が命を絶った。その一年後、死マンも死んだ。

長い夢

大阪の守口市にある喫茶店オベハのマスター植村さんは、新型コロナウイルスがきっかけで生死をさまよった。

最初は風邪だろうと思っていた。念のため奥さんとコロナの検査に行くと、一時間後に電話がかかってきて「コロナ陽性です」と言われた。そのあと保健所に連絡し、迎えにきた車に乗って療養施設の前で再検査する。隣でゴホゴホ咳をしていた人たちはそのまま療養施設のホテルに行き、特に何の症状もなかったマスターは枚方市の病院に運ばれ、そこで大動脈解離が発覚し、そのまま国立の医療センターに緊急搬送される。医療センターに着いたときにはもう意識はなくなっていた。

気がつくとマスターは夏祭りの会場にいた。そこには四人の真っ黒い鬼がいた。マスターは鬼に見つからないように隠れているが、鬼は車に乗って探しにくる。見つかってしまったマスターは鬼に担がれ、車に乗せられ倉庫に連れていかれる。倉庫の壁は豪華な中華風のデザインが施されており、奥に大きな鬼のボスが鎮座していた。その手前に三人の白い化粧をした鬼がおり、短剣を持って襲いかかってくる。マスターは鬼のひとりから短剣を奪い、その鬼をなんとかやっつけた。

気がつくとマスターは柱にくくりつけられていた。目の前には壁がある。そこへ誰かが陶器を投げつけ、粉々になる。

「人間もこんな感じになるよ」

そう言われてから電車に乗せられる。マスターを乗せた電車はものすごいスピードを出して先ほどの壁に激突しようとする。

もうダメだ!

衝撃とともに車体は揺れたが、粉々にはなっていない。マスターの地元九州の同級生たちが駆けつけ、壁に大量の段ボールを貼りつけてクッションにしてくれたおかげで、間一髪助かった。

気がつくとマスターは川の前に立っていた。川はゆるやかに流れていて、どうやら向こう岸まで渡らないといけないようだった。どうやって渡ろうかと考えていると、目の前にチャイナ服を着た若い女性が現れて、川の水面に畳を敷いて橋を作ってくれた。

気がつくとマスターは悩んでいた。店をオープンしてから四十年以上経ってようやくローンも払い終え、これからというときに悪い人にだまされて店を全部取られてしまった。金で済むならまだマシか、と思うようにした。

気がつくとマスターは病院のベッドで寝ていた。そうか、自分は入院していたのかとようやく気づいた。しかしフィリピン人の看護師がいつもマスターの財布から金を盗む。それを咎めると点滴の注射を上手く打ってくれなくなるので、さらにお小遣いを渡すようにした。

気がつくとマスターは病院のベッドで寝ていた。身動きが取れないので尿や便を垂れ流しの状態だった。いつも下の世話をしてくれる専門の業者がいるのだが、コロナ禍の時代に業績を伸ばし、やがて大きな病院を経営するまで成長した。その社長が自分の息子だった。

気がつくとマスターは鶴見斎場の火葬場にいた。コロナにかかってしまったので、七一五番火葬炉の中に入れられた。

「今から焼きますね」

火葬場職員の声がする。しかしいつまで経っても熱くならない。

「植村さん、あなたモルヒネ打ってるでしょ」

マスターは何のことかわからなかった。

「モルヒネ打ってるから今日は焼けません。帰ってください」

そう言われて焼かれずにすんだ。その斎場の所長が息子だった。

気がつくとマスターの目の前に息子がいた。マスターは今まで起きた出来事を話した。鬼を倒したり、同級生に助けられたり。

「お父さん、そっち行ったらあかんで、こっちきいや」

息子に肩をポンポンポンと叩かれた。

気がつくとマスターは病院のベッドで寝ていた。ポンポンポンと肩を叩いていたのは看護師だった。看護師が用意したスマホの画面越しに、奥さんと息子の顔が見えた。これは夢じゃないんだなと思った。

マスターは五十日間の長い眠りからようやく覚めた。

昏睡状態の間、楽しい夢はひとつもなかった。地獄のような長い時間だった。

さてこれからどうしよう。現実世界に蘇ったマスターは、ここからが本当の地獄かもしれないと思った。

一年のリハビリを経て、オベハは再オープンした。

夫の幽霊

幼なじみの山下くんは今年、父親を亡くした。八十四歳だった。

通夜の晩、山下くんは母に呼ばれて葬儀場の二階に行き、父の棺桶の横で寝た。

葬式を終え、二週間が経ったある日のこと。山下くんの母は朝六時過ぎに用事で家を出たあと、戻ってきてリビングで仮眠を取っていた。

まだ薄暗い冬の朝、誰もいないはずの部屋に人の気配を感じた。目を開けると、目の前に父が花束を持って立っていた。

〝……連れていかれる！〟

とっさにそう思った母は急いでリモコンを探す、しかしなかなか見つからない。その間も父は微動だにせず花束を持って立っている。

〝リモコン……リモコン……！〟

ようやくリモコンを見つけて電気をつけると、父は消えた。いつもよく着ていた夏服姿だった。

母は昔から心霊番組や怪談本が大の苦手だった。通夜の晩に山下くんが葬儀場の二階に呼ばれたのも、母が父の横にひとりでいるのを怖がっていたからだった。

山下くんは父に会いたかった。しかし自分の前には現れない。

母だけでなく、兄も実家で父を見たという。そのとき山下くんも一緒にいたが、山下くんには見えなかった。

母は父の幽霊を見てから、遺影の前のお供物を毎日替え、四十九日を過ぎたいまでもそれを欠かさず続けている。

花束を持って現れた父は、まさか妻におびえられてしまうとは思わなかっただろうが、結果畏れられながらも毎日気にかけてもらえるので、してやったりなのかもしれない。

遺骨の旅

「よかったらしばらくの間うちの父をどこかへ連れていってあげてもらえませんか」

以前、遺品整理を手伝ったハルさんから、彼女の父の遺骨を預かった。

二十数年前、両親は離婚し、当時十四歳だったハルさんは母に連れられて東京葛飾の団地を出ていった。残された父はその後も家から離れることなくひとりで住み続け、孤独死する。死因は肝硬変だった。

僕は遺品整理のあと、お父さんの寝室で一泊させてもらっているので、勝手に親近感はわいている。そのときは台所からカンカン音が鳴っていた。

いままで長い間ひとりで過ごし、東京から出ることもそんなになかったのではないだろうか。

ハルさんから借りたリュックサック型ペットキャリーケースに全収骨の遺骨を入れ、僕は当時住んでいた大阪の事故物件に連れて帰った。

その年の夏、ちょうど遺骨のお父さんの誕生日がお盆だったので、旅行がてら実家の墓参りにも同行してもらった。

定年退職したあと仏教系の大学に入学し、浄土真宗の僧侶になった僕の父は「まあこれも何かの縁だから」と了承し、祖母の遺骨が眠る墓の前に父と息子と他人の遺骨が並んで参った。

実家に戻ると、父はまた「これも何かの縁だから」と遺骨に念仏を唱えた。

僕と遺骨のお父さんが大阪に帰ったあと、深夜二時過ぎに実家のインターホンが突然鳴った。音に起こされた母が玄関のドアを開けるが、誰もいない。

それなのにインターホンのメロディは鳴りやまない。

近所迷惑を恐れた母は、止め方がわからないのでインターホンごと引きちぎった。それでようやく音は止まった。

一時間後、再びインターホンが鳴り響く。台所に置いた引きちぎったインターホンから音が鳴っている。母はどうすることもできず困り果てるが、インターホンが電池式であることに気づき、電池を抜くことでようやく音が鳴りやんだ。

「しばらく変えてなかったからおかしくなってたんやろかねぇ」

母はいろんな偶然が重なったのだろうと言っていたが、一連の出来事を遺骨の娘のハルさんに伝えると謝られた。

「たぶんお礼を言いたかったんだと思うんですけど、うちの父、不器用なのですみません」

遺骨のお父さんとはその後もいろんなところへ行った。名古屋のラジオも見学してもらったし、そのあと一緒にキャバレーにも行った。

そして青森までイタコに会いにいく。

羽田空港では保安検査場で機械を通さずに手動で検査をしてもらい、機内ではキャビンアテンダントが気を利かせてくれて空いている席に座らせてもらい、シートベルトまでさせてもらった。

青森に着いて居酒屋に行くと、店の人が遺骨にお酒を出してくれた。

とにかく遺骨と一緒にいると、出会う人みんなが優しかった。

八戸でハルさんと合流し、現役最高齢のイタコの家に行く。

そのイタコは盲目のうえ、聴覚も弱くなっていて、遺骨のお父さんの名前と住所と命日をハルさんがイタコに説明するのだが、何度も何度も聞き直し、懸命に覚えようとしていた。

しかし口寄せが始まってからはスラスラと言葉が止まらなかった。

「父と呼んでくれてありがとう。父と呼んでもらえた喜び、役人どもに認めてもらって、よいお山のお社に成仏できる。父としての想いは届けれなかった、だからこれからは守っているから。よいところに成仏できなくて、今日の供養のありがたさ、役人どもに見届けてもらって、あんたたちの幸せ、カラスとなって見守るから」

ちょうどその瞬間、カラスが鳴いた。

翌日、ハルさんは父の遺骨を背負って帰っていった。

遺骨のお父さん（上）飛行機に乗った遺骨（右下）青森に到着（左下）

イタコの反応

漫画家の森園みるくさんは、夫の十三回忌に青森県八戸市のイタコの家を訪れた。以前、僕が恐山に行ったときに祖母を降ろしてもらったイタコだ。

夫の名前と命日を紙に書いて渡すと、さっそく口寄せが始まった。

「閻魔大王さ〜ま〜如来さ〜ま〜慈覚大師の地蔵さま〜〜」

イタコは数珠をシャカシャカさせながら、いろんな神様や仏様の名前を歌に乗せて唱えている。と思ったら突然、台詞口調になった。

「よくここまで気にかけて呼んでくれてその気持ちがすごくうれしく思ったし、いや本当に悔しくて情けなくって、いや何を勘違いしてこっちに八つ当たりしてくるものなのかまったくわかんないし、いやあ本当に困ったなと思って」

「だけども君は助かってよかったよ。自分自身でも本当にこんな悔しい思いをしたくもないし、何でこんなふうに泣かせないといけないのかなと」

「とにかくいまはちゃんと成仏して仏としてまつられてますから安心してください。本当悔しかったし情けなかったよ。でもいまは悔しい悔しいって言ってもしかたないし、自分がさ、行くべきところに行かないといけないし」
「あまり夢のなかには出ないようにはしてはいるけれども、夢のなかに出ないからって守っていないわけではないし、いままでずっとさ、苦労してきたし、つらい思いばっかりしてきた君には幸せになってほしい。だからこれからもちゃんとみんなそれぞれのことを守ってますから安心して暮らしてください。本当に今日はありがとう、おかげさまでした」
〃シャカシャカシャ、シャカシャカシャカ〃
「冥土の土産に何がよかろ念仏がよかろ閻魔大王様の〜〜元のお社にお送りもうす〜や〜〜」
〃シャカシャカシャ、シャカシャカシャカ〃
「だけど刺されて死ぬときは、あぁきれいな血だなって、ふと思っちゃったよ………ま、とにかくちゃんと守ってますから安心してください、とにかくありがとう、おかげさまでした」
〃シャカシャカシャ、シャカシャカシャカ〃

「冥土の土産に何がよかろ念仏がよかろ閻魔大王様の〜〜元のお社にお送りもうす〜や〜〜はい、終わりました」

森園さんは、同行していた夫の姪と目を合わせた。

「おじさんぽいとこあったよね」

「はい」

森園さんの夫は九〇年・二〇〇〇年代に「鬼畜系・電波系ライター」として活動した村崎百郎氏である。二〇一〇年に自宅で四十八ヶ所を刺され殺害されている。

廃墟の日記

新宿ゴールデン街のバーで飲んでいたら、隣に座っていた男性が、友達と昔行った廃墟の話を聞かせてくれた。

「北陸にある廃墟のホテルだったんですけど、最上階の奥に社長室があったんです。ドアを開けたらイスと机しかない狭い部屋で。その社長室の向かいのドアからドンドン音が鳴るんですね。どうやら僕らの声に反応するみたいなんです。それで友達がノックしたら、それに反応してまたドンドンって鳴って。これ誰かおるぞ、ってなって、もうひとりの友達がスマホで録画して、せーのでそのドア開けたんです。そしたらその部屋、コンクリートしかないただの部屋で。でも気持ち悪かったのが、録画した動画が消えてたんです。そのドアを開けてから閉めるまでの動画だけ、ぶつ切りでなくなってたんですよ」

確かに、体験した本人たちにとってはまぎれもない恐怖体験だ。しかし、申しわけないがありがちといえばありがちな、よく聞く話でもある。

しかし、後日その男性から送られてきた画像を見て、ただの心霊廃墟話ではなくなった。

その男性Nさんは改めて当時、廃墟に行ったメンバーで集まってそれぞれの話を照らし合わせた。すると、実は社長室の下の階のある部屋で謎の日記帳を見つけていたメンバーがいた。彼はその日記帳の中身を、写真に撮って残していたのだ。

四月五日　晩（九時三十分過）エレベーター横に黒い影出現。ラップ音（ギィギィ）
四月十一日　事故現場通過中より胸のムカムカ、吐き気あり　夕刻、おつとめ中ラップ音（ビデオテープを入れる音）　×魔出現
四月十二日　車内　酒気充満　・テレビを見る　霊　ビデオテープの再生　おかしい　横線
四月十三日　×魔出現　★一夜中　足冷たく　誰かいるようで　夜が特に怖いような気がする
四月十五日　ここ七日間くらいは動揺している。今までに経験したことのないことだ

らけ。人間だけの世界ではないことを改めて確信すると共に自分に与えられた使命があまりにも大変な事に気づき多少とまどっている。本当に逃げ出したいのかもしれないけど、それは不可能でしょ！　自分の迷いを自分で打ち消し、しっかりしなくてはと思う。見えない者との戦いは始まったばかりなのにベールが一枚一枚はがれる度に恐怖におののき、自分を見失ってしまう自分を恥、頭の中は完全にパンク状態です。助けを求める、一体誰に？　泣けてくる！　力のなさに

四月十六日　自分の思っていた事に全て裏づけがされてゆく。事故死・変死・自殺さまざまな者の上に建っているホテルは暗く、家族バラバラなのは今に始まったことではなく、これが極あたりまえのようで、それが怖い。血は水よりも濃いというけれど、血縁というのがそれほど大きなものだと思わず、因縁に左右され動かされている人間をこれほどまでにハッキリと出ている人間を見せられ、身がすくむ思いです。知らない、わからない、気づかないということが、これほどまでにスゴイ者だということ。たったひとりの私の力だけで、これほど大きな者を救えるのか、不安で仕方がありません。

日記はまだまだ続いている。日記を書いた人物は、どうやらこのホテルの社長の奥

さんのようだった。いったいこのホテルで何があったのか？

僕は現地まで行き、ホテルの近くにある民家を訪ねた。

「あそこのホテル、昔からあるんですか？」

「もうだいぶ経つんやけどねえ、誰が買ったんか知らんけど。ここの人らももう、おばあさんも、娘さんもなんか事故で体が具合悪くなってからちょっと、あれして、それから誰かに売ったたって話やねえ」

それ以上わかることは何もなかった。


この話を大阪ですると、アナウンサーが知っていた。

「ここって○○ってホテルですよね？　実は私の同級生がカップルでこのホテル行った帰りに事故に遭って……。彼女のほうが入院するんですけど、入院中も事故に遭う夢をずっと見てたみたいで」

金沢のイベントでは、会場にいた客が終わってから声をかけてきた。

「このホテルって○○ですか？　実はネットゲームで仲良くなった人がこのホテルに行って、ビデオテープを拾って持って帰ったみたいなんですよ。それで、このビデオヤバすぎるから、今度一緒に見ようって言われて。でもそれから全然連絡がつかなくなって。それで共通のゲーム仲間にその人のことを聞くと、事故で亡くなったそうなんです」

日記の続きには、奥さんが見た正夢の話や前世の話、自身の霊感についての話などが書かれている。正夢の話には、同僚が入水自殺をした夢や、父が交通事故に遭う夢、祖母が脳梗塞で倒れる夢が書かれていた。

黒い蝶のサンバ

ある人の遺品整理の現場から昆虫の標本が大量に出てきた。そのなかで蝶の標本だけが小箱に入れられて大事そうに保管されていた。

遺族が言うにはこの標本を持っていると、この蝶の夢を見てしまい、その夢を見たら自分の人生に影響を及ぼす何らかの出来事が起きるそうだ。そして蝶の夢を三回見てしまった人は、次にまた蝶の夢を見たあとに死んでしまうという。

実際に標本の持ち主は、四回目の夢のあとに亡くなったという。


怪談師の夜馬裕《やまゆう》さんがこの蝶の標本を遺族から譲り受けると、一年以内に三回、蝶の夢を見て、三回とも不幸な出来事が起きた。

次に蝶の夢を見てしまうと本当に命の危険があるのではないかと感じたので、標本は怪談会で共演した心霊写真研究家の怪談図書館 桜井館長に譲った。

すると桜井館長もおよそ二ヶ月の間に蝶の夢を三回見て、知人の死や病気など立て続けに不幸が起きた。桜井館長も四回目の夢を見るのを恐れたので、いまは僕が譲り受けている。いまのところまだ蝶の夢は見ていない。

今年の春、和歌山県の補陀洛山寺《ふだらくさんじ》を訪れた。

補陀洛山寺は、小船に乗り込み外に出られないよう釘を打たれた状態で、はるか南方の海の上にあるとされる観音浄土を目指して出航する捨身行《しゃしんぎょう》「補陀落渡海《とかい》」がもっとも多く行われた場所である。

事故物件に住んでから、僕は死について考えるようになった。孤独死、事故死、自殺、他殺。どの死にも悲しみがつきまとう。

しかし、かつて人々に希望をもたらすための死が存在したことを知る。それが即身仏だった。

即身仏は、五十六億七千万年後に人々を救済するとされている弥勒菩薩《みろくぼさつ》が現れるまで永遠の瞑想に入るという状態を指す。人々を救うために肉体的な死を選んだ人たちが即身仏である。

補陀落渡海も希望だ。悩める人を救ってくれる観音菩薩がいるであろう南の海に死亡率ほぼ百パーセントで向かう行為が、救われたい人々の思いを背負っている。しかし金光坊《こんこうぼう》という僧侶が小船から逃げだし、再び船に閉じ込められて流される事件があって以降、補陀落渡海として生きたままの僧侶を乗せることはなくなった。

僕は補陀洛山寺の春祭りに参加し、補陀落渡海で旅立った歴代の渡海上人の供養を見届けたあと、林実利《はやしじつかが》が身を投げた那智の大滝を見にいった。

林実利は明治時代に明治政府が修験道禁止令を出したあとも厳しい修行をし続けた人物で、有栖川宮から役行者に次ぐすぐれた山伏の称号をもらっている。その実利が、やっぱり衆生救済のために那智山で冬籠もりしたあと、那智の大滝で座禅を組んだまま滝壷に捨身入定するのだ。

人々を救うための自殺。現代に生きていると理解ができないのかもしれない。死に引っ張られた英雄たちは、いったい何を考えていたのだろうか。僕は熊野修験の聖地・青岸渡寺《せいがんとじ》の近くにあるという実利の墓を訪ねた。

山奥の共同墓地のさらに奥、林実利の墓を見つける。

僕は自分と同い年の四十二歳で命を絶った実利の墓に手を合わせた。

すると、墓の後ろからヒラヒラと三羽の黒い蝶々が飛んできた。

あれ、この蝶、見たことあるぞ……。

そうだ、三回夢で見て、次見たら死ぬ蝶だ。

黒いアゲハが三羽、実利の墓の周りを踊るように舞っている。その光景はとても幻想的だった。これが白昼夢なら、あと一回で浄土行きだ。

黒い蝶の標本

補陀落渡海の船（上）
林実利の墓（下）

トモカヅキ

三重県鳥羽市と志摩市は日本で一番海女が多い地域だ。そこには海女の妖怪「トモカヅキ（共潜き）」が伝えられている。

トモカヅキは海の底にいて、素潜りをする海女自身とまったく同じ姿をしているドッペルゲンガーだ。遭遇すると、ニヤリと笑いかけてきたり、アワビなどを分けてくれようとしたりするが、決して相手をしてはいけない。関わると海の底に引きずり込まれてしまう。

トモカヅキを見た海女はもう二度と海に潜らない。また、トモカヅキが出たと聞いた海女も、二、三日は海に潜らないようにする。

海女たちはトモカヅキと出会わないために「セーマンドーマン」という五芒星と格子状の九字が描かれた魔除けの印を、帽子や磯手ぬぐいにつける。セーマンドーマンの印がない海女はトモカヅキなので、遭遇してもすぐに見分けがつくように工夫されている。

それほどまでに海女から恐れられるトモカヅキ。

僕はどうしても探りたくなった。

鳥羽市にある、海女が多いとされる町。そこでは町のいたるところにセーマンドーマンの印を見ることができる。

バスを降りると、犬がいた。

〝ワンワンワンワン！〟

明らかに敵意むき出しで吠えられる。

港を歩くと、おばあさんとポメラニアンがいた。ポメラニアンはおばあさんのリードがゆるんだすきに突然走りだし、

〝ワンワンワンワンワン！〟

僕に向かって吠えだした。すると、姿は見えない近所の犬たちが呼応し、港中が犬の大合唱になった。

土産物屋に入ると、セーマンドーマンの手ぬぐいやハンカチが売られていた。店員に「これって何ですか」と聞くと、ていねいに説明してくれた。

「五芒星は一筆書きで書けるから魔物が入れないという意味があって、網目のような印はすき間から魔物を見張るということです」

「魔物って何ですか？」

「そうですね、海には危ないものがいろいろありまして」

「トモカヅキのことですか？」

「…………」

あれ、変な空気になってしまった。

店を出ると、海女のおばあさんが海藻を売っている露店があったので、あおさふりかけを買った。そのついでに、単刀直入に聞いてみた。

「僕、妖怪とか好きで調べてるんですけど、トモカヅキってご存知ですか？」

「さぁ、知らんね。あらもうこんな時間、ご飯食べんと」

おばあさんは店頭の商品を片づけ、その場からいなくなってしまった。

求めれば求めるほど遠ざかる。

町の中心には「願い事が叶う」といわれている神社があり、その日は小さなお祭りをやっていた。

社務所の人に聞くと、獅子舞と子供の天狗が戦いながら舞い踊るという神事が催されるそうだ。

獅子舞と天狗は一日中町内を練り歩き、各所で舞い踊ったあと、夜八時ごろに神社に戻ってきてクライマックスを迎える。

「最後が一番盛り上がりますから、夜までいらっしゃるようでしたらぜひ」

そういえば遠くのほうからお囃子の音が聞こえてくる。

せっかくだから練り歩きも見にいこうと、音のするほうへ歩きだした。

どれだけ歩いただろう。

だんだん日も暮れてきた。それにしても人の気配がない。お囃子の音には近づいているような気がするのだが、完全に町はずれを歩いている。

本当に獅子舞と天狗はいるんだろうか。

……いや、いるわけない。戻ろう。僕はあきらめて神社でのクライマックスを見るために来た道を引き返す。

参道まで戻ってくると、やけにすれ違う人が多いことに気づく。

嫌な予感がした。

神社に着くと、ちょうどメインの舞が終わっていた。本殿には役目を終えた獅子舞の頭だけが置かれていた。

〝キキキィィィィィィィィィィ〟

黒板を爪で引っかいたような不快音が鳴り響く。ガードレールに石をこすりつけながら女の子が僕に向かって歩いてくる。

僕は「願い事が叶う」といわれているその神社で、祈願用紙にこう書いた。

「トモカヅキに会いたい」

魔除けの五芒星と網目のマーク（上）獅子舞の頭（下）

松原タニシ（まつばら・たにし）

1982年4月28日生まれ。兵庫県神戸市出身。松竹芸能所属のピン芸人。
現在は「事故物件住みます芸人」として活動。2012年よりテレビ番組「北野誠のおまえら行くな。」（エンタメ〜テレ）の企画により大阪で事故物件に住みはじめ、これまでに大阪、千葉、東京、沖縄、香川など17軒の事故物件に住む。
事故物件で起きる不思議な話を中心に怪談イベントや怪談企画の番組など多数出演する。

ラジオ関西「松原タニシの生きる」、MBSラジオ「松原タニシの恐味津々」、CBCラジオ「北野誠のズバリ」などレギュラー出演中。

著書に『事故物件怪談 恐い間取り』『異界探訪記 恐い旅』『事故物件怪談 恐い間取り2』『死る旅』『事故物件怪談 恐い間取り3』『恐い食べ物』（以上、二見書房）、コミックの企画・原案に『ゼロからはじめる事故物件生活』（漫画：奥香織／小学館）、『ボクんち事故物件』（漫画：宮本ぐみ／竹書房）がある。2020年8月には著書『事故物件怪談 恐い間取り』を原作とした映画『事故物件 恐い間取り』（配給 松竹）が公開。

協力　藤田浩子（松竹芸能株式会社）
装画　坂元 唯
著者近影撮影　SUSIE
間取り図作成　みの理
ブックデザイン　平塚兼右（PiDEZA Inc.）

恐《こわ》い怪談《かいだん》

2024年7月25日　初版発行

著者　松原《まつばら》タニシ
発行所　株式会社二見書房
東京都千代田区神田三崎町2-18-11
電話 03（3515）2311［営業］
03（3515）2313［編集］
振替 00170-4-2639
印刷　株式会社 堀内印刷所
製本　株式会社 村上製本所

ISBN978-4-576-24058-9
https://www.futami.co.jp/